# 結婚差別の社会学

齋藤直子

勁草書房

# はじめに

かつて、日本社会は「皆婚社会」だと言われていた。実際にすべての人が結婚していたわけではないが、一九八〇年代までは結婚していない人の割合が５％に満たず、若者は漠然と「いつかは自分も結婚するのだろう」と思えるような状況があった。しかし、現在の日本は、晩婚化・非婚化社会といわれ、生涯未婚率は二〇一五年の段階で男性23・４％、女性14・１％にまで上昇している。

誰もが結婚を望んでいるわけではない。結婚をする意思を持たない人もいるし、戸籍制度や制度的な結婚を批判する人もいる。そもそも結婚を望む以前に、同性同士など、現行では法的な結婚から排除されている人々もいる。

＊

ともあれ、このような晩婚化・非婚化社会のなかで、結婚の意思を固めたカップルがいると想像してみよう。慣例的に、結婚の報告のために、双方あるいは一方の親を訪問するカップルは少なくない。[＊1] カップルからの報告や挨拶ではなく、親に結婚の「承諾」を受けるための訪問だと考えている人もいるかもしれない。

親に紹介される側は、恋人の親はどんな人物だろうか、気に入ってもらえるだろうか、仲良くできるだろうかといったことが頭に浮かび、期待と不安を抱きながら、恋人の実家を訪問する。親に紹介する側もまた、自分の親が何か失礼なことを言わないだろうか、恋人が緊張していないだろうか、親と恋人はうまくいくだろうかといったことが、頭のなかを巡っているだろう。

そして、親とカップルが挨拶を交わし、お互いに自己紹介をする。もちろん、過去に恋人として紹介されたことがあり、すでに顔見知りの場合もあるだろう。

親からは、幼少のときの娘／息子のエピソードを聞かされるかもしれないし、出会いのきっかけについて質問されるかもしれない。娘／息子のどこが気に入ったのか、どうして結婚しようと思ったのか、といったことを尋ねられるだろう。ぎこちない会話であっても、ひとまず、結婚の「容認」が得られれば、カップルの目的は達成されたことになる。

しかし、恋人が帰ったあとで、親は表情を変えて「あの子の身元は調べたのか」と聞いてくるかもしれない。「気に入らない」ことがあって、結婚を考え直せと子どもに強く言うかもしれない。

なかには、あなたとうちの子が結婚するのには反対だと、本人に面と向かって言う場合もあるかもしれない。

＊

本書が主題としているのは、このような親による結婚の反対のうち、その理由が「相手が部落出身者だから」という場合である。「部落出身者に対する結婚差別」とか「婚姻忌避」、あるいは単に「結婚差別」と呼ばれてきた問題である。

本書の目的は、結婚差別問題が生じたとき、カップルと反対する親との間で、どのような対立や交渉や和解、あるいは決裂が生じるのかを描くことである。とくに、恋人たちがいかにしてその問題を解決していくのか、そのプロセスを丹念に記述することが本書の中心的な課題である。

その課題を明らかにするための方法は、聞き取り調査である。実際に結婚差別を受けた経験のある人々や、結婚差別を受けたカップルをサポートした人々に話を聞いた。

結婚差別体験の聞き取りや、体験した本人による手記は、それほどめずらしくない。識字教室で書かれた作文や「生い立ち」の語り、ルポルタージュ、インタビューなどが無数にある。数え切れないほどの体験談が存在すること自体、この問題の深刻さをあらわしている。そして、その一つひとつが、とても重いものであり、そこから教えられることは少なくない。

しかし、これらの体験に通底するものについて分析するといった試みは、意外なほど行われてこなかった。

また、部落出身者への結婚差別を扱った学術的研究も、それほど多くない。先行研究の中には、国や自治体による、市民を対象とした人権意識調査の分析も含まれるが、これらの調査は、「もしあなたの結婚相手が同和地区出身者だったとき」など、仮定の状況を想定したものであり、結婚差別の「実態」そのものを研究しているわけではない*2。

結婚差別問題が生じたとき、実際にどのようなやりとりがなされ、どのようなプロセスを経て容認に向かったり、あるいは破談に終わるのかという、結婚差別のプロセスに着目した研究はこれまでほとんどなかった。本書は、そのプロセスに注目した実証的研究である。

*

本書の構成は、以下のとおりである。

第1章では、部落問題についての基本的な知識と現状について、簡単に述べた。第2章では、結婚差別のルポルタージュ、行政の人権意識調査報告書、部落問題研究における先行研究を整理した。また、配偶者選択に関する家族社会学的な研究について検討した。

第3章では、結婚差別のひとつの事例を紹介する。そして、その事例にもとづいて、結婚差別問題のプロセスを「うちあけ」「親の反対」「カップルによる親の説得」「親による条件付与」段階にわける。

第4章以降では、各段階ごとに分析をすすめる。第4章「うちあけ」では、交際相手が部落出身であることを「知る」段階について分析する。第5章「親の反対」では、結婚に反対する親が、どのような理由で結婚に反対するのかを明らかにする。第6章「カップルによる親の説得」では、親を説得するカップルの行動について分析する。第7章「親による条件付与」では、結婚を容認した親が付与する交換条件について考察する。

第8章「結婚差別問題では何が争われているのか」では、第4章から第7章までの事例をふまえて、結婚差別問題の一連のプロセスのなかで生じていることについて、総合的に分析する。親とカップルの相互作用のなかで、部落問題はどのように議論されるのだろうか。またその議論は、いつのまにか差別の問題から「祝福」の問題へとずらされていくのだが、この祝福をめぐる攻防について考えてみたい。

第9章「結婚後差別」では、結婚差別を「乗り越えた」後、新たに形成された家族の中で生じる差別問題について考える。

そして、最後の第10章「支援」は、本書のもとになった博士論文にはなかったパートで、本書のために書き下ろした。本書は学術的な研究であるが、実際に結婚差別に悩む人や、彼らを支援したい人も、この本を手にとるだろうと予測している。上述のように、結婚差別をまとまったかたちで扱った先行研究がほとんどなく、結婚差別について、何か調べようと思ったときに、出会う書籍は限られているからだ。

この本を手にとったとき、結婚差別の現実だけが書かれていて、解決に向けた方策が皆無であったら、そのことに失望する人もいるのではないかと考えた。そこで、実際に支援の経験がある人や、結婚差別を受けた経験のある人にお会いして、支援に関する聞き取りをおこなった。「こうすれば解決」といった明確な提案はできないが、実践のヒントになると思われる語りを、できるだけたくさん収録した。そのため、第10章は、学術的な内容というよりは、実践的な意味合いが強い。

「おわりに」では、本書で明らかにできなかった今後の課題についてまとめた。

＊

二〇一六年末、「部落差別の解消の推進に関する法律」が国会で成立し、施行された。国会の審議では、議員や参考人から、結婚差別の事例が報告された。この法律が提起された背景のひとつには、結婚差別の存在があるのだ。法律には、部落差別の相談、教育・啓発、調査をおこなうことが明記されている。本書が、今後の相談、教育啓発、調査についての、先行研究のひとつとして活用されることを願っている。

注

＊1　挙式準備・結婚式情報の大手『ゼクシィ』のウェブサイトにある「結婚準備完璧マニュアル」には、「結婚のお金」「結納」「お祝いマナー」「挙式会場」と並んで、「結婚報告・親挨拶」の項目がある。その項目

をクリックすると、「いい人選んだわね！とホメられる！結婚報告&親への挨拶あんしんマニュアル」のページに移動する。そこには、「まずはこれだけは押さえたい！結婚報告の基本ルール」「何をしておけば安心かが分かる 親挨拶～準備編～」「当日の流れ&注意ポイント 親挨拶～当日編～」「常識のつもりがマナー違反!? 気になるマナーOK&NG集」などの記事が並んでいる。結婚に際して、親への挨拶は重要なイベント、別の言い方をすれば通過すべき関門となっていることがわかる。

＊2

同和地区とは、同和対策事業特別措置法とそれに続く関連法において、行政が施策を行う対象地域として指定した地域で、被差別部落と重なるけれども、なかには地区指定をされなかったり、地元の反対で地区指定を拒否した被差別部落もある。また、同和向け公営住宅を建設する場所を確保するといった理由で、もとの被差別部落の範囲を超えて地区指定している場合がある。したがって、厳密にいえば、同和地区と被差別部落はイコールではない。ただ、行政の施策や調査では、被差別部落という用語は基本的には使用されず、同和地区という語を用いていたため、この調査のように、被差別部落への忌避についてたずねる場合にも同和地区という語が使われている。本書では、基本的には被差別部落という用語を使用しているが、行政調査のデータを引用する場合、行政の調査報告書に従って、同和地区という用語を用いる。

ただ、二〇一六年一二月に国会で成立した「部落差別の解消の推進に関する法律」では、「同和地区」ではなく「部落」の語が使われるようになったため、今後は行政が行う調査等においても、同和地区だけではなく被差別部落の語が使用される可能性がある。

結婚差別の社会学　目次

うちも、特に母親ね、猛烈に反対しましたから。母親に会うときは、正行《まさゆき》は、もう恐る恐るついてくるいう感じで。そやから、母親に会ったの、ほんのわずかですわ。

ただ、母がガンになって、もうあかんいうたときに、「一回、正行を連れて来い」、言いました。なんでいうたら、「謝りたい」と。結婚のときに反対したこと、謝罪してましたわ。そのときに、正行もね、涙流して、「そんなこと、思ってたんですか」と。「反対されたいうことはわかってるけども、心の中には残ってません」いうてね。そういうふうに言いましたけどね。そのときに初めて、お互いに分かり合えたんちがいますか。私の母の亡くなる寸前にね、一週間前でしたけど。

# 第1章　部落問題とは何か

## 1　部落問題とは何か・部落出身者とは誰か

本書は、部落出身者への結婚差別について考察を進めていくのだが、そもそも、部落問題とはどのような問題であり、部落出身者とは誰を指すのだろうか。実は、一九九〇年代以降、部落問題に関する研究や社会運動の場では、「部落出身者あるいは部落民とは誰か」ということ自体が、議論の的になっていた。

暫定的に説明するなら、部落出身者とは、近世の賤民身分に系譜的な連続性をもっている（とみなされている）人であり、被差別部落とは近世の賤民が居住していた（とみなされている）場所ということになる。そして、それらの人々は食肉や皮革といった職業に従事しているだろうとみなされていた。それを、いわゆる「部落産業」という。

この系譜的連続性、地域的要素、そして職業の3つを「三位一体」と呼んだのが、歴史学者の井上清であった［井上1969］。実際には、近代を通じて漸次的に部落の人口の流出入は起こっていたので、これら3つの要素が本当に分かち難く結びついていたのかどうかはともかく、一九六〇年代から七〇年代ごろまでは、このような認識にリアリティを持つことができた。だが、高度経済成長期と同和対策事業特別措置法を経て、被差別部落は大きく変容し、次第に「三位一体」のリアリティは失われていった［野口 2000a］。

野口道彦によれば、部落と非部落の境界線が「錯綜化」し、「部落出身者とは誰か」という議論が生じた背景として、三位一体的部落が減少したこと、部落外への転出者の増大、部落内への転入者の増大、部落外との「通婚」の増大があるという［同上］。つまり、父母ともに部落出身で、部落に居住し、いわゆる部落産業に従事しているような人は次第に減少していったのである。つまり、部落出身者が誰かという自明性が失われていったのである。

では現在、誰が「部落出身者」であるとみなされているのだろうか。ひとつデータを提示しよう。大阪府『平成22年度 人権問題に関する府民意識調査報告書』［大阪府 2011］では、「問12 一般的に、世間ではどのようなことで同和地区出身者と判断していると思いますか（〇はいくつでも）」という、同和地区出身者を「見分ける」基準について、質問している。*1

複数回答で、回答者数八七四名中、「本人が現在、同和地区に住んでいる」41・4％（三六二名）、「本人の本籍地が同和地区である」31・8％（二七八名）、「本人の出生地が同和地区である」30・2％（二六四名）、「父母あるいは祖父母が同和地区に住んでいる」25・1％（二一九名）、「父母あるいは祖父母の本籍地が同和地区にある」22・5％（一九七名）、「父母あるいは祖父母の出生地が同和地区である」22・1％（一九三名）、「本人が過去に同和地区に住んでいたことがある」19・2％（一六八名）、「職業によって判断している」13・5％（一一八名）、「その他」2・1％（一八名）、「わからない」20・7％（一八一名）、無回答・不明12・2％（一〇七名）となっている。*2

つまり、同和地区出身者かどうかを決める基準は、系譜的連続性と地域的要素、職業の3つの要素と重なっていることがわかる。3つの要素が揃っていなくても、そのうちのひとつかふたつを持っていれば、同和地区出身者とみなされる可能性がある。

さらにいえば、3つのいずれの要素がなくても、部落差別を受ける可能性がある。野口道彦は、差別する側が、ある人を部落かどうか判断するときの基準は非常に恣意的であるという［野口 2000b］。そのため、差別する側が「間違って」差別することがしばしばあり、誰でも部落差別を受ける可能性がある。例えば、部落出身者との交際、部落内や部落周辺部での居住、部落産業と考えられている産業への従事などによって、「間違って」差別されることがありうる。

そして、人々が「間違われそうなこと」を避けようとして、部落や部落出身者から距離をとることで、部落差別の構造が維持されている。つまり、部落やその近くに住まない、部落出身者と友人や恋人にならたり結婚をしない、食肉産業を避けるなどといった行為が、結果的に部落を排除することになる。野口は、そこであえて、戦略的に「部落民とは、部落民とみなされ差別された人、あるいは差別される可能性を強くもっている人」と再定義し、「間違われた」人が、間違えるなと抗議をするのではなく、部落差別への抗議を引き受けることで、差別の構造が解体されるのではないかと提案している。

このように、「部落出身者」の定義は、現代の部落問題のあり方をダイレクトに反映している。また、人々が部落差別をおこなったり、部落を忌避したりする「理由」や「根拠」も、人によって異なる。被差別部落のイメージは、歴史的に形成されたマイナス・イメージおよびプラスのイメージが積み重なってできあがっている。その中から、どのイメージを採用するのかは、人それぞれである。

例えば、「身分が違う」「家柄が違う」「穢れている」といった近世の身分制度に由来すると思われる言説が採用される場合がある。また、近代化の過程において、「人種が違う」というレイシズム言説や、「貧しい」「汚い」といった貧困にまつわる言説が生まれた〔黒川 2016〕〔上杉 2010〕〔野口 2014〕。部落差別に対する抗議活動への「犠牲者非難」として、「怖い」「暴力的」「危険」という言説もあらわれた。大正期の水平社運動の時代から、この言説は使用されている。

また、同和対策事業特別措置法以降、「部落だけがよくなってずるい」「かれらは要求ばかりする」「不当に特権を得ている」といった、「ねたみ意識」や「新しいレイシズム」と呼ばれる言説も生じた〔藤田 1987〕〔高 2015〕〔Sears 1998〕〔Sears et al. 2000〕。

そして、差別・忌避の「根拠」さえ示されない場合もある。「理由はわからないが、みんなが避けているから避ける」「親から、行ってはいけないと言われていたから」といったリスクを回避する言説である〔三浦 2009〕〔佐藤 2002a, 2002b〕。

このように、部落差別とは、「誰が」「なぜ」差別されているのか、非常にみえにくい問題である。というよりも、部落出身者が「差別される・忌避される」理由は答える人によって大きく異なるのだから、そのような問いのたてかた自体、適当であるとは言えない。差別・忌避する人の「差別する・忌避する」理由こそが問われるべきだろう。

## 2　部落差別はもうない⁉

一九六五年に出された同和対策審議会答申では、同和問題は「国の責務であり、同時に国民的課題である」と明記された。一九六九年に始まった特別措置法が二〇〇二年に終了するまでは、都道府県や地域、あるいは学区でのばらつきはあるものの、同和教育が比較的さかんに行われた時期であった。また、特措法の終了と前後して、二〇〇〇年に「人権教育及び人権啓発の推進に関する法律」が施行され、二〇〇二年には「人権教育・啓発に関する基本計画」が出された。基本計画では、人権課題のひとつとして同和問題が挙げられている。しかし、特別措置法の終了の影響は小さくなく、同和教育から人権教育へのシフトがおこり、実質的には同和教育は縮小していった。特措法の時代に小学校入学から高校卒業の時期までをまるごと過ごした世代は、一九六〇年代半ば生まれから一九八〇年代半ば生まれに限られる。

現在でも部落問題学習に力を入れている学校もあるし、人権問題のジャンルのひとつとして部落問題を教えている学校もあるが、部落問題をよく知らないまま、小・中・高校を卒業した若者も少なくない。「国民的課題」といわれていたけれども、日本社会に暮らす全ての人が一定の知識を持ち、問題意識を持っているという状況には、ほど遠いのが現状である。

そして、学校教育の中で同和教育を受けた経験がなく、部落問題について全く知らない若者や、同和教育は受けたけれども、封建時代の身分制度として習ったため、過去の問題であると考えている人々が少なくない。また、西日本特有の問題であり、東京や関東地方にはないという認識を持っている人もいる［上川 2016］。だが、学んだ経験がなかったり、過去の問題だと教えられれば、部落問題を知らなかったり、無関心になってしまうのも仕方がないかもしれない。このような「無知・無関心」の問題は、同和対策の時代から課題であったが、二〇〇二年以降、より深刻化している。

そして、この間に、インターネット上での身元暴き、差別発言など、新たなかたちの部落差別が生じている。また、結婚差別問題は、後を絶たない。そのような状況への対処として、二〇一六年末に「部落差別の解消の推進に関する法律（部落差別解消法）」が成立した。

ところで、部落問題に無関心であることを正当化したり、部落問題を避けようとするときに、独特の言い回しが用いられる。「もう部落差別なんて、ないんじゃないの？ 若い人はしないんじゃないの？」「みんなが黙ってたら、部落差別はなくなるんじゃないの？」「私は差別なんかしない」「世の中から差別はなくならないんだから、取り組んでもムダ」といったものである。

例えば、部落問題の入門書である『知っていますか？ 部落問題一問一答 第3版』には、以下のような質問が準備されている。

「今でも部落差別はあるのですか?」

「若い世代には差別意識はなくなってきていると思うのですが」

「学校で教えたりせずに、そっとしておけば自然になくなると思いますが…」

「私は差別などしないので、部落問題は関係ないと思うのですが…」


一九六五年の同和対策審議会答申では、差別はなくならないという悲観論や、みんなが黙っていればいずれなくなるという考え方(これは、「寝た子を起こすな」論と言われてきた)を強く否定している。


同和問題もまた、すべての社会事象がそうであるように、人間社会の歴史的発展の一定の段階において発生し、成長し、消滅する歴史的現象にほかならない。

したがって、いかなる時代がこようと、どのように社会が変化しようと、同和問題が解決することは永久にありえないと考えるのは妥当でない。また、「寝た子をおこすな」式の考えで、同和問題はこのまま放置しておけば社会進化にともないいつとはなく解消すると主張することにも同意できない[同和対策審議会 1965]。


なお、悲観論と寝た子論は相互に否定しあう論理であることもつけ加えておこう。

一八七一年の、いわゆる「賎民廃止令」から一五〇年近く経過しているにもかかわらず、制度としてはなくなったはずの差別が、近代的な形態に再編されながら存在している。だが、悲観論や寝た子論といったわかりやすい枠組みに囚われるのではなく、部落差別解消法に明記されているように、「部落差別は許されないものであるとの認識の下にこれを解消することが重要」なのである。

## 3　近年の部落差別事象

部落差別解消法が成立した背景には、どのような事件・事象があったのだろうか。近年の部落差別に関する裁判や事件を概観しておこう。

### 戸籍謄本等不正取得事件

まず、本書のテーマである結婚差別に関する事件に、二〇一一年一一月に発覚した司法書士らによる戸籍謄本等不正取得事件がある。この事件は、発覚の発端になった東京都の司法書士事務所の名称から、「プライム事件」と呼ばれている。

この事件は、不正請求された一万件におよぶ戸籍謄本等から得られた情報や、携帯電話会社などの社員から提供された個人情報が、身元調査等に利用されていたというものである。不正に取得された戸籍謄本等のうち、半分程度が部落出身者かどうかの身元調査に利用されていたとされる。二人が実刑、四人が罰金刑、二〇名が執行猶予となった。

採用や結婚の際、興信所・探偵社などを通じて相手の出身地や国籍などをさぐる「身元調べ」は、いまだにビジネスとして成り立つほどの規模でおこなわれているのだ。

近年、このような不正取得を防止するために、登録型本人通知制度を採用する市町村が増えてきた。登録型本人通知制度とは、市町村が第三者に対して住民票の写しや戸籍抄本・謄本を交付したときに、本人に交付したことを知らせる制度である。ただし、事前に登録が必要である。この制度の導入によって、万が一、不正であると疑われる取得があったとき、すみやかに事実を調べることによって、被害の拡大を抑止することができる。二〇〇九年に大阪狭山市からはじまり、現在は全国に広がりをみせている。

## 連続・大量ハガキ差別事件

東京を中心に日本全国に四〇〇枚以上もの差別的な内容のハガキや手紙等が送りつけられた事件である。二〇〇三年に、東京食肉市場に対して差別ハガキ・手紙が届いたのが、事件の発端であった。以降、この事件の加害者は、被差別部落出身者や部落解放同盟の同盟員に対して、「えたに人権はない」「殺しても罪にはならない」といった差別的な内容のハガキ・手紙を送り続けた。[*3] さらに、「あなたの近くに危険な奴がいる。アパートから追い出せ」などといった内容のハガキを、アパートの大家はじめ周辺住民にも送り、差別を煽った。また、高額な書籍や教材などを部落出身者の名前を騙って注文したり、電力会社に引越の手続きを申し込んだりした。

いやがらせは悪質さを増していった。実在する人物の名前を騙り、熊本のハンセン病療養所の入所者に対し、ハンセン病を差別する内容のハガキを送りつけるなど、差別行為はエスカレートし、被害者の数は拡大していった。最終的に、被害者は一〇〇人に及んだ。

二〇〇四年に被疑者が逮捕され、脅迫罪、名誉毀損罪、私印偽造・同使用の罪で起訴され、二〇〇五年に懲役二年の実刑判決となった。控訴はおこなわれず、判決は確定した。

差別や誹謗中傷の文言を書いたハガキを部落出身者に送りつけたり、部落出身者の名前を騙って悪質なハガキを出すなどの類似の事件は、その後も各地で生じている。また、差別的な内容のビラや、それを入れた封書などを、直接ばらまくという事件も起きている。*4

## ヤフー知恵袋差別記載事件などインターネット上の差別事件

インターネット上の差別的な書きこみや、部落の地名の問い合わせは後を絶たない。二〇一四年六月、インターネットサイトの「ヤフー知恵袋」に書かれた、差別的かつ根拠のないデマを含んだ質問および回答に対して、部落解放同盟東京都連合会品川支部による問題提起がなされた。このサイトは、利用者の質問に、他の利用者が回答するしくみになっている。質問は、「肉屋で『それ四つ下さい』などといいながら指で四を示したら、裏方に連行され暴行・殺害されるというのは本当でしょうか」という根拠のないデマについてであり、「ベストアンサー」に選ばれたものは「……昔、被差別部落の人たちは犬狩りや屠殺など四本足の動物を殺す不浄な商売をしていました。そのため『四つ』とは暗に被差別部落の人たちを揶揄する言葉になっていたそうです……その肉屋さんがこれに当てはまり、その発言をして侮辱ととられ、そういった被害に遭われたケースがあり、うわさに変わったのではないでしょうか」といった内容で、質問者の書きこみの問題性を指摘するのではなく、むしろ補強する回答だった。

部落解放同盟東京都連合会と品川支部は、東京法務局と東京都人権部に削除要請を依頼したが、ヤフー側は、「……社内で慎重に検討致しましたが、現在のところ削除等の措置が相当との判断にはいたっておりません」と削除をせずに放置した。その後、要請を重ね、最初の要請から二ヵ月半後にようやく削除の措置が講じられた。

インターネット上のQ＆A形式の掲示板では、部落の所在地を問うものが後を絶たない。これらを削除するためには、一ケースずつ削除依頼をしなければならず、また、依頼をしたとしてもプロバイダが削除に応じるかどうかはわからない。

さらに、二〇一六年には、全国の被差別部落の一覧が、インターネット・オークションに出品され落札された。その後、オークションに出品した人物は、同じ内容のリストを「自社」サイトで無料配布したり、twitter 上で部落の地名をアップするなどした。また、同時に部落解放運動団体の幹部らの個人情報等も公開した。現在、「自社」サイト上のリストなどは仮処分により削除されたが、ミラーサイトが作られているとされる。

## 水平社博物館前差別街宣事件

また、被差別部落はヘイト・スピーチの対象にもなっている。二〇一一年一月、奈良県にある水平社博物館の前で、差別街宣をおこなった人物がいた。奈良地裁は、この男の行為を名誉毀損にあたるとし、原告の水平社博物館に対して慰謝料一五〇万円を支払うよう命じた。被告は控訴せず、判決は確定している［部落解放同盟奈良県連合会 2011］。この男は、京都朝鮮学校への「襲撃」事件でも、懲役一年六ヵ月・執行猶予四年の有罪となっている。

以上、二〇〇〇年代から二〇一〇年代にかけての、代表的な事件について述べた。これらは新聞報道もされているような、比較的よく知られている事件である。

この十数年の間も、このような事件がいくつも生起しているにもかかわらず、第2節で述べたように「部落差別はもうない」という言説をしばしば目にする。自分がよく知らないことについて、「知らない」「知らなかった」ではなく、「もうない」「しない」と言ってしまえるのはなぜだろうか。差別の実態をよく知らないのに、「そっとしておけば自然になくなる」とか、あらゆる「差別はなくならない」のだから仕方がないと言い放つことができるのは、いずれも差別を受けている人に対して、泣き寝入りしろ、差別されても我慢しろと言っているに等しいのではないか。

実際に差別問題があるにもかかわらず、「もうない」「私はしない」「そっとしておけばなくなる」「差別は決してなくならない」と簡単に「言えてしまう」ような、マジョリティとマイノリティの非対称性もまた、部落差別の構造的なあらわれなのではないだろうか。

注

＊1　「はじめに」の注2で述べたように、この大阪府の調査でも、部落出身者ではなく、同和地区出身者の語が使われているが、この場合もほぼ同義として使用されている。

＊2　この調査は、二〇一〇年一一月に大阪府内に居住している満二〇歳以上の男女二〇〇〇名に対して行った調査である。調査票は郵送で、有効回収率は45・2％であった。

＊3　前近代の身分呼称を用いた差別表現である。ここでは、差別ハガキに使用された文言をそのまま記載している。

＊4　例えば大阪府では、差別的な内容のビラ一八〇〇枚を部落解放運動団体の幹部に郵送したり、部落内の集合ポストに投函した男に対し、二〇一六年四月、大阪簡裁が侮辱罪で略式命令を出した。差別ハガキなどの事件については、［齋藤 2016］を参照。

# 第2章　結婚差別はどのように分析されてきたか

## 1　結婚差別の膨大な記録

部落問題において差別が顕現するのは、結婚と就職のときであるといわれている。それぞれ「結婚差別」「就職差別」と名前がつけられ、大きなテーマとして扱われることからも、部落問題における重要な課題であることがわかるだろう。

一九六五年の同和対策審議会答申でも、「これらの市民的権利と自由のうち、職業選択の自由、すなわち就業の機会均等が完全に保障されていないことが特に重大である」、「結婚に際しての差別は、部落差別の最後の越え難い壁」と明言されている。結婚差別や就職差別は、部落外の人々のネットワークから部落出身者を排除する目的でおこなわれるため、このようなときに差別があらわれるのだ。

就職に関しては、企業や行政の取り組みや学校現場の同和教育を通じて、状況は大きく変化したが、結婚差別問題は、私的な領域の問題であり、直接的にアプローチすることが難しいこともあって、いまだ残された課題となっている。

二〇一二年に内閣府が行った「平成24年度 人権擁護に関する世論調査」では、「同和問題に関して現在起きている人権問題」を選ぶ質問が設けられており、その中で最も割合の高いものは結婚問題であり、ついで身元調査であった。報告書では、以下のように述べている。

「同和問題を知らない」と答えた者以外の者(「同和問題を知っている」とする者とする〔一四七六人〕)に、同和問題に関し、現在、どのような人権問題が起きていると思うか聞いたところ、「結婚問題で周囲の反対を受けること」を挙げた者の割合が37・3%と最も高く、以下、「身元調査をされること」(27・8%)、「差別的な言動をされること」(24・9%)、「就職・職場で不利な扱いを受けること」(23・2%)などの順となっている。なお、「特にない」と答えた者の割合が18・6%、「わからない」と答えた者の割合が12・0%となっている。(複数回答,上位4項目)[内閣府 2012]

五〇年前、同和対策審議会答申で分析されていたように、結婚差別の問題は「最後の越え難い壁」なのである。部落差別が顕現する場面が結婚であるならば、結婚は差別の解消の指標になるかもしれない。山本登は、部落出身者と部落外出身者の婚姻すなわち「通婚」は、部落差別の解決の指標であり、重要な研究テーマであると述べている。*1

いずれにしても、通婚が社会的位置や行動様式において、相互に強い類似関係が存在する場合において成立しやすいとすれば、通婚関係の分析は、部落問題の解決、換言すれば、部落と非部落の間に存在する差異性の欠如、すなわち部落民という用語もしくはカテゴリーの不用化にとって最高の指標たることを失わない。かくして婚姻の研究は、単に人口動態の理解のためばかりではなく、部落問題そのものの解決に際しても基礎的な意義をもつものであるといいうるであろう。[山本 1984]

このように、部落出身者への結婚差別は、部落問題において主要な課題であるとされてきた。しかし、結婚差別の理論的な研究は意外なほど少ない。中村清二は、結婚差別問題の研究が少ない理由について、以下のように説明している。

結婚差別問題の調査研究の蓄積が極めて弱く、教育啓発のさまざまな課題に応えられていないことがある。即ち、結婚差別は現象的には極めてプライベートなレベルで現れること、そして当事者等にとっては結婚時のみの問題ではなく、それ以降も大きな影響を受けて生活していること、さらには個人情報保護という課題もあること、などがあり、結婚差別問題の調査研究は極めて少ない[中村 2005]。

内田龍史もまた、結婚差別に関する理論的研究の層の薄さについて述べている。とりわけ、結婚に至るプロセスなどの質的な研究は、二〇〇〇年代になるまでほとんど存在しなかったと指摘している［内田 2003, 2005］。

しかし、極めて重要な問題であるにもかかわらず、結婚差別に関する研究はそれほど多くはない。その代表例といえば、同和地区生活実態調査によって明らかにされるような、部落‐部落外の結婚の組み合わせである通婚の変動に関する研究と、どのくらいの人たちが結婚差別を体験しているのか、その被差別体験率を把握する研究であり、結婚差別の内実にまで踏み込んだ研究は近年のいくつかの研究を除けばほとんどなかったのである［内田 2005］。

二〇〇〇年代以前の数少ない研究は、行政の調査報告書を除けば、その大半は野口道彦による市民意識調査を用いた研究である［野口 1991, 1993, 1996, 1997］。例えば、家意識についての一〇項目の質問を用いて因子分析をおこない、家意識から「直系性因子」と「連続性因子」を抽出し、部落出身者への婚姻忌避を説明するのは連続性因子であることを明らかにした［野口 1993］。

結婚差別に関する学術研究は極めて少なく、しかもその大半は市民意識調査分析のような量的な調査であったのだが、その一方で、ルポルタージュや、裁判の記録、結婚差別事件の報告、集会等の報告や識字教室で書かれた手記など、結婚差別体験の事例は、膨大な蓄積がある。また、これらの事例をもとにした、同和教育の題材も多数ある。

一九八〇年代後半から九〇年代半ばにかけて、結婚差別のルポルタージュを書籍としてまとめたものが、いくつか発行されている［八木 1987, 辻 1992, 和田 1995, 石飛・高橋 1996, 角岡 1999］。これらのルポルタージュの中で扱われている事件は、八〇年代ごろに起こった事件が中心である。これらの書籍で扱われている事件を概観すると、「職縁」で出会ったカップルの結婚差別の事例が目立つ。[*2] 日本では、六〇年代以降、見合い婚が減少し、それに代わって職場での出会いが増加していった。また、高度経済成長や同和対策の恩恵を受けて、部落の青年たちは高校や短大・大学に進学し、安定した正社員の職に就いていった。そこで起きたのが、これらのルポにあるような職場で出会った人々の間での結婚差別事件だったのだろう。これらの事件に注目が集まったのは、当時の感覚では、これまでになかった「新しい」部落差別事件だったからではないか。

また、ジャーナリストによるルポルタージュだけではなく、結婚差別を受けた当事者の手記も出版されている。宮津裕子の『沈黙せず　手記・結婚差別』は、部落差別による婚約破棄裁判をめぐる手記である［宮津 1993］。宮津は、一九八七年に出版された八木荘司のルポルタージュ『原告・宮津裕子』で扱われた婚約破棄裁判の被害当事者である。八木の著作は、「名著」であるけれども、小説的手法を用いて「加害者（相手の男性）側に立って差別者の心理を描写することに重点をおき、被差別者（私）の立場が完全に欠落してい」[*3] たために、事実関係にもゆがみが生じてしまったとして、宮津は被害当事者の立場からの手記を書いた。[*4]

書籍や雑誌記事のほかに、学術雑誌に掲載されている研究ノートにも、結婚差別事件の詳細が書かれたものがある。ただ、これらも結婚差別の事例を紹介するにとどまり、理論的な分析はなされていない[松本ほか 1995, 中塚 1997, 北口 1999, 結婚問題研究会事務局 2001a, 2001b, 2001c, 2001d]。また、部落解放研究所が発行した『戦後部落問題関係判例（解説編）』『戦後部落問題関係判例（資料編）』には、九〇年代前半までの結婚差別に関わる判例6例と、身元調査に関わる判例が掲載されている[部落解放研究所 1995]。

これらのルポルタージュや手記、研究ノートなどの膨大な記録は、結婚差別問題において、どのようなことが起こっているのかをリアルに伝える。結婚差別の理論的な考察がおこなわれてこなかった背景には、それぞれの事例をなぞることで、結婚差別の問題性が十分に伝えられたからかもしれない。結婚差別の複数の事例を用いて、理論的に分析する試みは、二〇〇〇年以降になると散見されるようになる。詳細は、第3節で述べたい。

## 2　部落（同和）問題をめぐる意識調査・実態調査

国や自治体など、行政による被差別部落の調査で、最も古いものは、明治初年の「旧」賤民身分の人口を把握する調査であった[野口 2014]。以来、国や地方自治体は、貧困対策、衛生対策、環境対策、あるいは治安対策などさまざまな目的で、被差別部落の実態を把握する調査をおこなってきた。

戦後、同和対策に関する特措法が施行されていた時期には、全国の多くの自治体で各種の調査が大規模におこなわれた。行政による調査は、大まかにいうと、市民の意識調査と同和地区の実態調査のふたつに分けられる。同和地区外の人々の意識を調べるのが市民意識調査で、同和地区内の生活状況を調べるのが実態調査である。国や都府県だけでなく、市町村レベルでもおこなわれたため、これらの調査は膨大な数にのぼる。

これらの調査では、結婚差別についてどのようなことを明らかにしてきたのだろうか。まず、市民意識調査について検討しよう。市民意識調査では、結婚差別に関するいくつかの「定番」の質問項目がある［竹村 2008］。文言は調査主体や調査年度によって異なるが、おおむね以下のようなものである。

- もし回答者の結婚相手が同和地区出身であった場合に、結婚をするかどうか。
- 回答者に子どもがいると仮定して、子どもの結婚相手が同和地区出身者だった場合に、反対するかどうか。
- 一般的に、同和地区出身者が結婚に際して反対されることがあるかどうか。
- 結婚の際に、身元調査をおこなうのは当然かどうか。

これらの数値の増減が、差別意識の変化の指標とされてきた。その数値の変化をもって、行政の啓発の成果を測定し、新たな課題が設定された。

また、二〇〇〇年に「人権教育及び人権啓発の推進に関する法律」が施行され、同和教育から人権教育に軸足が移ったことや、二〇〇二年に特措法が終了したことを受けて、同和問題に限定した市民意識調査はほとんどみられなくなり、人権意識調査の一部として同和問題が扱われるようになった。従来の同和問題の調査に特有の項目を引き継いでいる場合もあれば、さまざまな人権問題の一分野として扱われることによって、同和問題特有の調査項目ではなくなったり、項目自体が消えてしまった場合もある。例えば、結婚差別に関する項目は、同和地区出身者、在日コリアン、日系外国人、刑を終えて出所した人などと並列させて、結婚するときに気になるかどうかをたずねる項目に組み入れられている場合も少なくない。

結婚をめぐる同和地区出身者に対する市民の意識について、近年の調査の一例をあげてみよう。神原文子は、大阪府の府民意識調査を用いて、二〇〇〇年、二〇〇五年、二〇一〇年の経年比較を行っている。

「結婚排除意識」を測定するために、「結婚相手を考える際に、気になること（なったこと）はどんなことですか。あなたご自身の結婚の場合と、お子さんの結婚の場合とに分け、気になる項目を選んでください。お子さんがいらっしゃらない方も、いると想定してお答えください」という設問で、「経済力」、「学歴」、「職業」、「家柄」、「離婚歴」、「国籍・民族」、「相手やその家族に障がいのある人がいるかどうか」、「相手やその家族の宗教」、「一人親家庭かどうか」、「同和地区出身者かどうか」の項目について回答が求められた。*5［神原 2012］

二〇一〇年調査では、「あなたご自身の場合」と「あなたのお子さんの場合」、二〇〇〇年および二〇〇五年は「あなたご自身の場合」について聞いている。

自身について、「同和地区出身者かどうか」が気になると回答した人は、二〇〇〇年18・1%、二〇〇五年20・2%、二〇一〇年20・6%と、大きな変化はない。なお、二〇一〇年の「あなたのお子さんの場合」は、21・2%であった。一般的に、自身の場合より子どもの場合のほうが、結婚を気にしたり反対するという傾向が強く現れるが、この調査では大きな差はみられなかった。神原は、このデータから得られた「知見」として、「大阪府民の同和地区出身者に対する『結婚排除意識』は、二〇〇〇年から二〇一〇年の一〇年間で低下したとは言えない」と述べている。

また市民意識調査では、結婚差別について直接たずねる設問の他に、一見すると同和問題とは直接関係のないような項目がある。例えば、人を判断する基準をたずねるものや、「ひのえうま」や「家柄」、「大安に結婚」「仏滅を避ける」といった「六曜」に関する項目などがある。これらの項目は、社会に対する同調傾向や伝統的価値観を測定する尺度になり、その尺度と部落差別意識の相関関係を測定するのが目的であった［齋藤 2008］。

社会に対する同調傾向や伝統的価値観と、部落差別意識の関連については、その背景となる仮説があった。同和対策審議会答申は、「実に部落差別は、半封建的な身分的差別」であると述べている。日本の経済が近代と前近代を併せ持つ二重構造になっており、それが社会構造にも影響を与え、家族や共同体関係にも近代的な部分と前近代的な部分が残っており、前近代的な部落差別も温存されてしまっているというのが、答申の考え方である。


このような経済構造の特質は、そっくりそのまま社会構造に反映している。すなわち、わが国の社会は、一面では近代的な市民社会の性格をもっているが、他面では、前近代的な身分社会の性格をもっている。今日なお古い伝統的な共同体関係が生き残っており、人々は個人として完全に独立しておらず、伝統や慣習に束縛されて、自由な意志で行動することを妨げられている。

また、封建的な身分階層秩序が残存しており、家父長制的な家族関係、家柄や格式が尊重される村落の風習、各種団体の派閥における親分子分の結合など、社会のいたるところに身分の上下と支配服従の関係がみられる。

さらに、また、精神、文化の分野でも昔ながらの迷信、非合理的な偏見、前時代的な意識などが根づよく生き残っており、特異の精神風土と民族的性格を形成している。

このようなわが国の社会、経済、文化体制こそ、同和問題を存続させ、部落差別を支えている歴史的社会的根拠である［同和対策審議会 1965］。


つまり、日本社会が前近代的部分を克服し、近代化がいま以上に徹底されれば部落差別がなくなるはずだという主張である。社会に対する同調傾向や伝統的価値観という調査項目は、前近代的価値観を測定するためのものであった。そして、前近代的価値観を持つ人は、部落差別意識を持ち、結婚差別をするのではないかと推論されていた。

同和対策審議会答申にみられるこのような問題構成は、戦後の社会学や家族史の影響を大きく受けている。戦後の「家族の民主化に関する議論」においては、「家」は民主化を阻む封建遺制であり、前近代的なものであると捉えられていた［米村 2014］。ただし、同対審答申が書かれた一九六五年には、家族史・家族社会学のなかでは、「家」を「封建遺制」とすることにはすでに批判があがっていたことは、強調しておかなければならない。そして、家族社会学や家族史の分野での研究がすすむにつれ、家制度とは前近代の遺物ではなく日本型近代家族であったとの主張がなされたり、戦前と戦後あるいは近世と近代の家族制度を対立的にみるのではなく連続的にみる視点が共有されたりするようになった。その結果、前近代的な社会構造や家族関係が、部落差別を支えているという前提が崩れてしまった［千田 2011］［米村 2014］。

また、「ひのえうま」や「六曜」と、部落差別との関連に疑問が出されたり、このような慣習への認識自体が薄れてきていることから、これらの設問はみられなくなった。

行政のおこなう調査のもうひとつの柱は、同和地区の実態調査である。この調査は、同和地区の就業状況や年金の加入、識字の状況や、学歴構成など、同和地区内の人々の生活状況や、不良住宅率など地域の状況などを調べるもので、文字どおり同和地区の実態の調査である。定期的に調査をおこなってその経年比較をすることで、同和対策がどれだけ進んだか、その効果がどれぐらいあったのか、どのような課題が残されているのかを調べるという目的でおこなわれた。

また、そこから、行政の啓発の課題であったり、部落解放運動の課題を析出するために活用された[*6]。同和地区実態調査の、結婚差別に関する項目には以下のようなものがある。

- 結婚差別の経験
- 結婚差別等を見聞きした経験
- 差別を受けたときの相談の有無および相談相手
- 結婚の組み合わせ（同和地区出身同士、同和地区出身と同和地区外出身の夫婦、同和地区外同士）

しかし、二〇〇二年に同和対策関連の法律が終了した。それを受けて、同和対策の一環としておこなわれてきた行政による実態調査は、伊賀市などごく一部の例外を除いて、ほとんど行われなくなってしまった[*7]。その結果、二〇〇〇年代に入って同和地区の統計的な実態把握ができないという状況に陥った。先述のとおり、実態調査がおこなわれなければ、同和地区の状況は改善しているのか、残された課題が何であるのか、流出入の状況はどうなっているのか、流入者層の貧困などの新たな問題が出現しているのかといったことを把握できなくなってしまう。

そのような状態のなか、二〇一〇年代にさしかかる頃、行政の予算で大規模な調査をおこなうのではなく、限られた予算を駆使して、ひとつの地域やある年齢層を集中的に調査することで、部落の実態を把握する試みがあらわれた。二〇〇〇年代後半から二〇一〇年代の部落の実態調査は、それほど数がないので、以下に一覧を示す（なお、被差別部落の地名は、アルファベットに変えてある）。

「A町地区実態調査」 A町地区実態調査委員会二〇〇八 大阪市
「部落解放同盟大阪府連合会女性部調査」 部落解放同盟大阪府連合会二〇〇九 大阪府
「S地域労働実態調査」 妻木進吾・内田龍史・大阪市立大学文学部社会学教室二〇〇九 大阪市
「Y地区実態調査」Y地区実態調査委員会二〇一〇 大阪市
「佐賀県の被差別部落生活実態調査」 妻木進吾・内田龍史二〇一一 佐賀県
「全国部落青年の雇用・生活実態調査」㈳部落解放・人権研究所二〇一〇—二〇一二 全国
「西成区北西部健康実態調査」 西成健康調査研究会二〇一二 大阪市
「今日の被差別部落のひとり親家族の生活実態調査」 神原文子ほか 二〇一〇—二〇一二 全国

これらの実態調査は、雇用や暮らし向き、健康といった日常の生活実態を把握するのが目的であるが、たいていの場合、被差別体験や結婚差別に関連した質問もおこなわれている。これらの調査からも、二〇〇〇年代以降の結婚差別の状況を把握するための研究成果がうまれた。その成果については、次節でまとめて紹介したい。

## 3　二〇〇〇年代以降の研究

二〇〇〇年以降、結婚差別の研究は、量的調査においても、質的調査においても、ある程度まとまった研究がみられるようになった。

まず、量的調査を用いた研究では、従来の行政報告書のように「婚姻の割合」や「部落を避ける意識」といった測定にとどまるのではなく、それらの数字をどのように読み取るかという解釈をめぐる議論が進んだ［野口 2000d］。

例えば、市民意識調査からは、忌避的な態度にジェンダーで差があるかどうかといったことや［野口 2002］［阿久澤 2010］、結婚忌避を正当化する言説の分析［野口 2000c］、結婚差別意識の経年比較［内田 2002］［竹村 2008］［齋藤 2008］などの研究がおこなわれている。また、日本社会における婚姻の変容と、結婚差別のあり方の関連に着目した研究もある［内田 2004, 2005］。

一方、質的調査を用いた結婚差別研究も増加した。もともと被差別部落では、同和教育や解放運動のなかで、生い立ちを語ったり、識字教室の作品として自らの経験を書くという実践がおこなわれてきた。これらは、部落出身者としての自覚を高め、被差別体験を共有し、部落問題を外部に伝えるために大いに役立ってきた。

また、社会調査としての聞き取り調査は、八〇年代に、生活史の方法論が導入され発展していった。

日本の社会学研究において生活史研究をリードした分野のひとつが、部落問題研究であったといえる。最初の大きな成果は、『被差別の文化・反差別の生きざま』にまとめられている奈良の調査［福岡ほか 1987］であろう。さらに、滋賀の被差別部落の生活史をまとめた『かたりのちから』［反差別国際連帯解放研究所しが 1995］や、3世代の生活史を聞き取った『部落の21家族』［部落解放・人権研究所 2001］などの成果が続いた。

二〇〇〇年前後には、結婚差別や被差別体験に特化した聞き取り調査をおこなうプロジェクトも組織された。ひとつは、一九九八年から九九年にかけて部落解放・人権研究所がおこなった結婚差別の聞き取り調査プロジェクトである［中村 2000, 2005］。また、二〇〇〇年の大阪府「同和問題の解決に向けた実態等調査」では、同和地区実態調査の質問紙回答者から、聞き取り調査に応じてくれる人を募集し、結婚差別体験などについて聞いている［木村 2001］［高田 2001］［齋藤 2002, 2004a, 2004b, 2005］。

そして、前節で述べた二〇一〇年代の実態調査からも、結婚差別について、いくつかの論考が書かれている［齋藤 2013, 2014］［神原 2014］。

では、これら二〇〇〇年以降の研究のうち、量的な調査からは、どのようなことが読み取れるのだろうか。現在どれぐらいの件数で結婚差別事象が起こっているのかといった、数量的な把握はどの程度、可能だろうか。

先ほども述べたように、二〇〇二年以降、行政による同和地区の実態調査はほとんどおこなわれておらず、被差別体験の量的な把握もほとんどされていない。しかも、部落から転出した人々については、そもそも数量的な把握が不可能である。しかしながら、ごくわずかの自治体では現在も実態調査がおこなわれており、そこから、ある地域における被差別体験の割合を知ることができる。

三重県伊賀市は、二〇一二年に「旧同和対策事業指定地域」の居住者に対する生活実態調査をおこなっている。この調査には、過去五年に受けた被差別体験をたずねる項目がある。結果は、過去五年に差別を受けた経験のある人は25・7％だった。結婚や恋愛に関する差別に限ると、回答者全体の約1割に被差別経験があった。また、部落差別によって「結婚を意識しながら結婚まで至らなかった」経験は、一六歳以上の回答者一四四四名中一二五名となっており、全体の8・7％が「破談」を経験していることがわかった［伊賀市 2012］。

一方、人権問題に関する市民意識調査は、比較的多くの自治体でおこなわれており、前述のとおり、その一部に同和問題に関する質問が設けられていることが少なくない。とりわけ、同和地区出身者との結婚を避けるかどうかという質問は「定番」となっているため、結婚の際に部落出身者を忌避する可能性のある人の割合を知ることができる。都府県によって、結果にばらつきがあるものの、一定の割合で結婚を諦めるという人が存在し、全体の傾向としてはその数が減っているわけではない*8［東京都生活文化局 2014］［愛知県県民生活部 2013］。

すでに第2節で取り上げた数字であるが、二〇一〇年大阪府の人権意識調査の結果を再掲すると、「結婚を考える際に気になること」について尋ねた項目で、結婚相手が同和地区出身者かどうかを気にすると答えた人は、20・6％であった［大阪府 2011］。五人に一人が「気になる」と考えていることになる。

身元調査の是非について質問している調査もある。滋賀県野洲市が二〇〇九年におこなった市民意識調査では、結婚（縁談）の話があったとき、「同和地区の人であるかどうか」を「調べるのは当然だ」3・2％、「感じはよくないが必要だ」20・4％、「調べるべきでない」71・9％、無回答・不明4・4％だった［野洲市 2010］。およそ四から五人に一人は部落出身者の身元調査に肯定的であるということになる。

このように、結婚における同和地区出身者への意識は、少なくない割合で存在していることを、量的な調査から把握することができる。

結婚差別をする可能性のある人や身元調査を肯定する人は一定数存在するけれども、結婚差別は時代を経るごとに解消しつつあるとみなすことができるデータもある。部落出身者同士で結婚する組み合わせよりも、部落出身者と部落外出身者で結婚する組み合わせのほうが、割合が高くなっているのだ。

少し古いデータになるが、二〇〇〇年大阪府の同和地区実態調査では、結婚の組み合わせについて質問している。六五歳以上では七割以上が部落同士の夫婦であった。四〇-四四歳で、部落同士と部落・部洛外の割合がちょうど半々になる。二五-二九歳では部落・部落外夫婦が67・4％に対して部落同士夫婦は24・5％になっている［大阪府 2001］。若い世代ほど、部落外の相手との結婚が増加しているのである。

また、部落解放・人権研究所が二〇一〇年から一一年にかけておこなった「全国部落青年の雇用・生活実態調査」では、青年の両親の組み合わせについてたずねている。「両親とも部落」は29・7%だが、「父のみ部落」24・0%、「母のみ部落」13・7%となっており、このふたつを合わせると37・7%で、部落と部落外の夫婦のほうが多数を占めている。なお、「両親とも部落外」が13・8%であった（無回答18・7%）［内田2012］。

これらのデータからは、部落出身者と部落外出身者の婚姻はすすんでおり、部落出身者は差別のために部落出身者同士でしか結婚できないというイメージは、過去のものとなっていることがわかる。

ところが、結婚の割合は増加しているけれども、それとは反対に、若い世代のほうが結婚差別経験の割合が高いというデータもある。前述の二〇〇〇年大阪府調査では、結婚に際して差別を経験した人の割合は全体で20・6%であるが、一五–二九歳の年齢に限ると24・7%になる［大阪府2001］。この数字からは、結婚差別は減少していないか、増加しているということもできる［内田2005］。

夫婦の組み合わせをみると、結婚差別は解消しつつあるようにみえる。しかし、被差別体験の割合をみると、結婚差別は逆に増加しているようにもみえる。これらは一見すると矛盾しているようだが、日本社会全体における結婚のありかたの変化を反映しているのである。

戦後の日本社会においては、結婚相手との出会いは見合いから職縁による出会いを経て、恋愛へと移行した。見合い婚では、部落外出身者の見合い候補から部落出身者をあらかじめ排除することができるので、候補者の選別の過程で差別が生じることになる。それに対して、職縁婚・恋愛婚が主流の社会では、部落出身者と部落外出身者が、ある程度、自由に出会って恋愛する機会が用意されている。これは大きな変化であったと思われる。

また、一九六九年に同和対策事業特別措置法が施行され、日本社会が高度成長期であったことともあいまって、部落出身者の学歴は上昇した（とはいえ、その格差は完全になくなることはなかったのだが）。これらの変化を受けて、部落青年の就職機会も拡大した。そして、高校や大学、一般企業の職場で、部落出身者と部落外出身者が出会い、恋愛する機会も増大した［内田 2004］。その結果、結婚差別に出会う機会も増大したのである。

見合い婚では、部落外出身者との結婚から構造的に排除されていたわけだが、逆にいうと、あらかじめ結婚相手のリストから外されているということは、部落出身者一人ひとりが結婚差別事象に直面する可能性は低くなる。しかし、部落出身者と部落外出身者が自由に出会い恋愛をするということは、交際に至った後、交際相手やその親から直接的に排除を受ける可能性が生まれてしまうことを意味する。出会うチャンスの増大が、結婚差別体験の増加を生みだしているのである。結婚差別は、恋愛婚の時代にこそ重大な事件としてあらわれるのだ［齋藤 2002］。

第1節でも述べたように、ある時期に、職場恋愛から生じた結婚差別に関するルポルタージュや手記が集中的に生み出されたのは、このような日本社会の状況を反映してのことである。

## 4　配偶者選択論と結婚差別

ここまでは、部落問題研究における結婚差別の先行研究をみてきた。一方、家族社会学における配偶者選択や婚姻の研究の中では、被差別部落への「忌避」はどう扱われてきたのだろうか。

日本における家族社会学や人口学の分野では、配偶者選択から夫婦関係、妊娠・出産、離婚に至るまで、婚姻に関する研究は膨大な蓄積がある。近年、晩婚化・非婚化とそれに伴う少子化・高齢化への危機感はますます増大し、若者がなぜ結婚しない／できないのかという問いは、人々の関心を集めており、配偶者選択研究への期待は大きい。

配偶者選択研究とは、「自由結婚制の下で、配偶者が多くの潜在的候補者の中からいかに選ばれるのか、その選択に影響する諸要因は何であるかを研究する」［安田 1971］ことであるとされている。部落出身者に対する結婚差別は、基本的には配偶者選択の過程において生じる問題である。その意味では、結婚差別問題は配偶者選択における結婚相手の選好と忌避に関する問題の一部であるとみなすことができる。

配偶者選択論の基本的な理論について、ここで簡単に整理しておこう。まず配偶者選択は、社会全体でランダムにおこなわれているのではない。そこには、社会的制約が働いている。例えば「内婚-外婚原理」、「同類婚と異類婚」、「居住近接」、「欲求相補性（世話-受容と支配-服従からなる）」などの社会的制約によって、配偶者選択の範囲は決定される〔望月1997〕。

これらの理論に基づけば、部落出身者に対する結婚差別とは、近世の身分制に基づいて外集団あるいは異類とみなされた部落出身者に対する結婚忌避ということになる。

また、配偶者選択の理論研究には、選択の過程に関する研究がある。望月嵩は配偶者選択の過程について、「デイト→求婚→婚約」の段階に分類している〔望月1972〕。デイト段階にも、サブカテゴリーがあり、自由に誰とでも交際するランダム・デイトの段階から、特定の相手との一対一のデイトをする一歩進んだ段階がある。特定の相手とのデイトにも、「婚約あるいは結婚へと発展するもの（going steady）とそうでないもの（noncommitted steady）」〔同上〕がある。そして、配偶者としての適格性を検討する段階としての求婚の段階を経て、婚約に至る。婚約は、結婚を予定した2人だけの「私的了解」から、「相互の家族や親族、友人など2人が交際していかなければならない人びとに対して、結婚の意志を宣言し、その承認を得ることによって成立する」〔同上〕正式な婚約へと至る。

配偶者選択の範囲と配偶者選択過程を統合した総合的モデルを提示したのが、アダムスの配偶者選択過程のモデルである〔Adams, 1979〕。アダムスは、「出会いに始まる最初の牽引から、より深い牽引、結婚前段階、結婚という過程を軸にして、その関係を維持発展させる要因と、関係を解体させる要因とを19の命題群に整理し、その関連性」〔望月1988〕を図式化した（図2-1）。

アダムスのモデルでは、カップルの関係「継続への障害」になるものは、「カテゴリーの著しい異質性」と「非好意的な親の介入」だとされている。これは、部落出身者への結婚差別にも当てはまるだろ

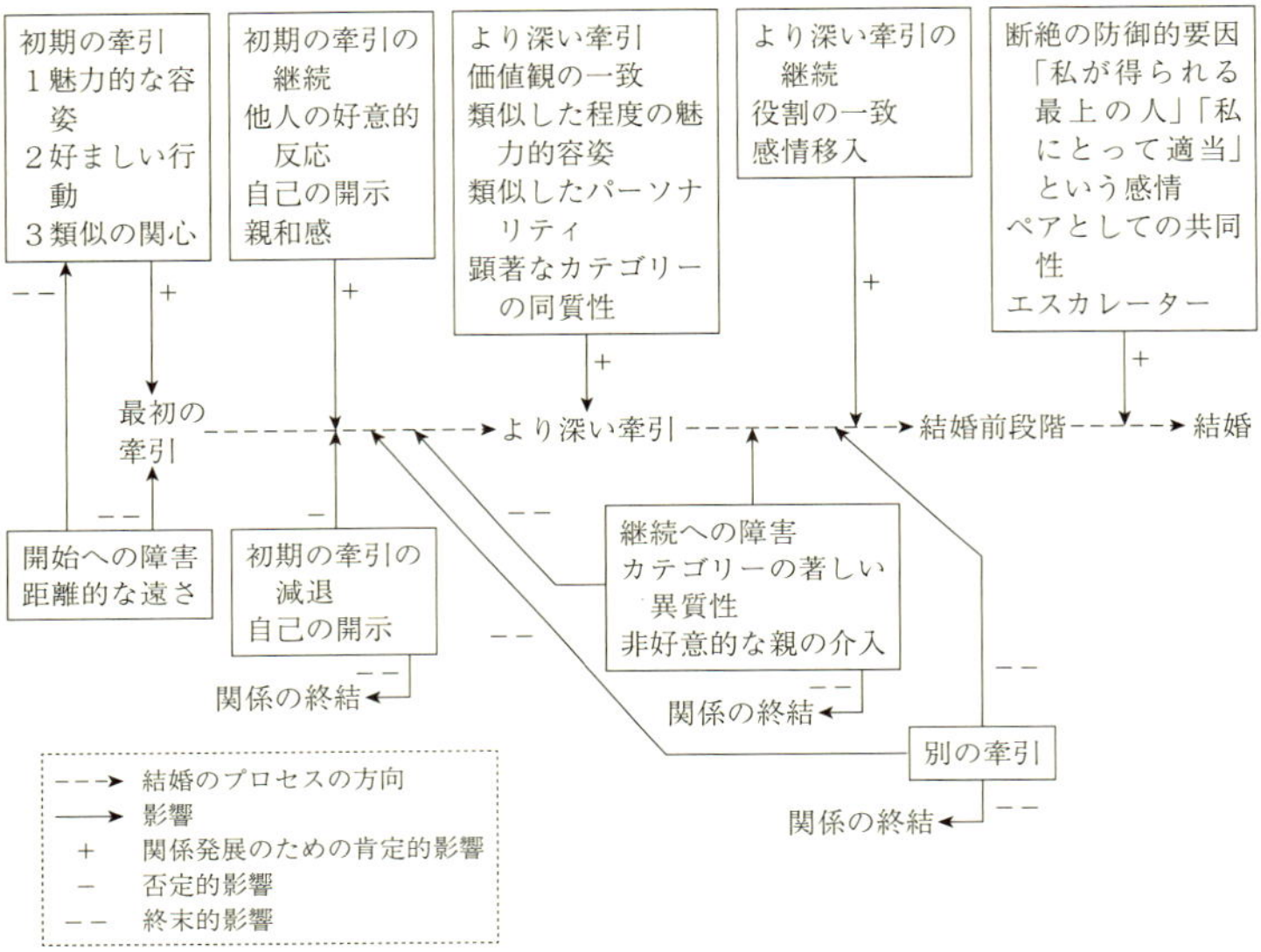


図 2-1　配偶者選択のプロセス
〔Adams, 1979：259-265; 上子ほか 1991：44〕より作成

う。また、部落出身者であるというカテゴリーの異質性を理由に、親が結婚に反対するというケースでは、「カテゴリーの著しい異質性」が「非好意的な親の介入」の原因になりうる。

親や親戚の介入が、配偶者選択に強い影響を与えていることについては、土田英雄や菰渕緑の指摘がある［土田 1979］［菰渕 1981］。菰渕は、恋愛結婚すなわち自由婚の増加は「配偶者の選択権が親から本人へ移行したことを意味する」けれども、「親のコントロールがまったく消滅したわけではないし、子が親の意向を無視してまったく独自の基準で選ぶわけでもない」ことを指摘する［同上］。配偶者選択において親の賛同を得ることが重要な基準となっているだけでなく、交友関係の範囲に統制を加えるなどして配偶者選択以前の段階から親は子どもをコントロールしていると、菰渕は指摘する。

近年の統計データでも、親の影響が小さくないことが確認できる。筒井淳也は、二〇〇六年のEASS（East Asian Social Survey）のデータから、配偶者選択が「『近代的』恋愛」「親の影響あり」「親が紹介」「『伝統的』アレンジ婚」のいずれであったかについて分析している。一九七〇年代に出生した層の78・5％が「近代的」恋愛婚であるが、「出会いでは親や仲人が介在しなかったが、決めるときには親の影響力が比較的大きかった」パターンである「親の影響あり」が18・1％と、少なくない割合を占めている［筒井 2016］。また、「親が紹介」は2・3％、「『伝統的』アレンジ婚」は1・1％であった。

また、このような配偶者選択のモデルをもとに、通婚圏、社会移動、制約条件などが、実証的に検証されてきた［渡辺・近藤 1990］［志水 1990］［井上 1995］［志田・盛山・渡辺 2000］［廣嶋 2004］。例えば、日本社会における結婚が、学歴同類婚、階層内婚、女性の上昇婚の傾向にあることや、近年では、男性の就業状況と婚姻割合が強く結びついていることなどが明らかにされてきた［今泉・金子 1985］［上子ほか 1991］［加藤 2004］［渡辺ほか 2004］［宮坂 1997］［金子・三田 2012］。

また、男性のコミュニケーション能力と非婚の関連や、女性の経済力に注目した研究、結婚相手の供給システムの変化と関連づけた研究など、様々な観点からの配偶者選択研究がある［永井・松田 2007］［橘木・迫田 2013］［佐藤ほか 2010］。若者が結婚しない／できないと、晩婚化・非婚化そして少子・高齢化を加速させ、さらには労働力の減少や社会保障費の増大につながる。そのため、若者の結婚は「社会問題」化している。そのような中で、人がどのように配偶者を選択しているのかということに関心が高まるのは当然のことであろう。

ところが、結婚相手として選好される属性の研究や、階層や属性の結びつきについての研究は多数あっても、選好されない属性についての研究はほとんどみられない。ただ、選好されない属性は、「選好される条件の裏返し」として浮き彫りになる場合もある。例えば、「第15回出生動向基本調査」では、結婚相手に求める条件について以下のように整理しているが、その条件を「持たない」人が、結婚に不利な人であるということになる。

結婚する意志のある未婚者が結婚相手に求める条件としては、男女とも「人柄」を考慮・重視する人が最も多いが、「家事・育児の能力」「自分の仕事への理解」も大多数の未婚者が考慮・重視している。その他、「容姿」「共通の趣味の有無」は男女ともに考慮・重視する割合が高いことに加え、女性では「経済力」「職業」を考慮・重視する割合がこれらよりも高い。しかし、近年では、男性でも「経済力」「職業」を考慮・重視する割合が増加している。*9〔国立社会保障・人口問題研究所 2016〕

しかし、選好される条件を「持たない」人だけが、結婚に不利になるのではない。例えば、部落出身者や外国籍の人々、宗教の異なる人がどれだけ結婚に不利なのかを、選好条件をたずねる調査から明らかにすることはできない。人権意識調査で例示されているような忌避される属性の研究は、家族社会学における配偶者選択の研究には、接合されてこなかった。

アダムスの配偶者選択過程モデルでは、結婚に至る過程の「継続への障害」として、「カテゴリーの著しい異質性」と「非好意的な親の介入」が挙げられていたが、家族社会学の分野でこれらを扱った研究は、著しく少なかったといわざるをえない。

一方、前述のように、人権意識調査における忌避される属性の研究にも欠点がある。質問文が「もしも結婚相手が…」となっていることからもわかるように、仮想の結婚についての問いをたてているに過ぎず、結婚差別の実態を明らかにしているわけではない。実際の配偶者選択過程において、忌避される要素がどのように作用しているのか、ほとんど研究されていないのである。

また、配偶者選択の研究では、結婚に至るまでの「相互作用論的アプローチ」が有効だといわれてきたが、忌避される属性を持つ人について、どのようにしてそれを克服していくのかという、結婚に反対する者と説得する者の相互作用の研究はほとんどなかった［姫岡・上子 1971］。

本書は、「カテゴリーの著しい異質性」と「非好意的な親の介入」という「継続への障害」をもつカップルが、どのようにして親を説得して結婚に至るのかという相互作用論的分析をおこなう。そのことを通じて、家族社会学における配偶者選択論に新たな知見をもたらすことができるだろう。

注

＊1 「通婚」や「同和婚」の研究には［鈴木 1987］［中川 1984］がある。しかし、部落出身者と部落外出身者の婚姻の割合（それを、部落問題研究においては、「通婚率」と呼んできた）を、部落差別解消の指標にすることについて、内田は次のように述べている。「通婚率の増加を差別解消の指標として読み取ることは、結果として部落出身者どうしの結婚は望ましくなく、通婚が望ましいことという価値観をしのばせることになる」［内田 2005］。

＊2 職縁については、［岩澤 2010］を参照。

＊3 宮津裕子という名前は、八木のルポルタージュで、結婚差別を受けて裁判に臨んだ女性の仮名として用いられた。その女性は、『沈黙せず』を出版するにあたり、八木の許可を得て、ペンネームを宮津裕子とした。

＊4 二〇〇〇年以降も、結婚差別の手記やルポルタージュなどは、定期的に発行されている［部落解放同盟京都府連合会糾弾闘争本部 2005］［杉元 2009］［臼井 2012］。

部落問題関連の雑誌に掲載された記事については、部落解放・人権研究所『部落マイノリティ（出身者）に対する結婚忌避・差別に関する分析』に、二〇〇三年度までの一覧表が掲載されている。

＊5 二〇一五年の調査では、「同和地区出身者」の項が、「本籍地・出生地」に変更されており、経年比較ができなくなってしまった。

＊6 結婚差別に関する実態調査のデータを小冊子にまとめたものには、［奥田 2002］がある。

＊7 ごくわずかな例として、伊賀市や福山市が同和地区実態調査をおこなっている［伊賀市 2012］［福山市 2013］。

＊8　例えば、東京都「人権に関する世論調査」［東京都生活文化局 2014］の調査では、「かりに、あなたが同和地区の人と結婚しようとしたとき、親や親戚から強い反対を受けたら、あなたはどうしますか。この中からあてはまるものを1つお選びください」との質問に対し、「自分の意志を貫いて結婚する」26％、「親の説得に全力を傾けたのちに、自分の意志を貫いて結婚する」30％、「家族の者や親戚の反対があれば、結婚しない」11％、「絶対に結婚しない」5％であった。

また、愛知県「平成24年度人権に関する県民意識調査」［愛知県県民生活部 2013］では、「あなたが同和地区の人と恋愛し、結婚しようとするとき、親や親戚から強い反対を受けたら、あなたはどうしますか」との質問で、「自分の意志を貫いて結婚する」20・1％、「親の説得に全力を傾けたのちに、自分の意思を貫いて結婚する」48・7％、「家族や親戚の反対があれば、結婚しない」23・7％、「絶対に結婚しない」7・5％であった。五年前の調査と比較すると、「自分の意思を貫いて結婚する」が15・8ポイント低くなっている。また、「親の説得に全力を傾けたのちに、自分の意思を貫いて結婚する」が5・3ポイント高くなっているが、「絶対に結婚しない」も4・5ポイント高くなっている。

＊9　結婚相手の人柄の良さが男女ともに重視されていることにも、注目しておきたい。結婚差別が生じた後、カップルが親を「説得」する作戦について、第6章で述べるのだが、そこでも「人柄」が問題にされる。相手の「人柄」は、説得の重要な資源になるのである。

# 第3章　結婚差別のプロセス

## 1　ひとつの事例から

事前にちゃんと私の方から話をしといたほうがいいわと思って、きちんと親にね、実はつき合ってる人は部落の人なんやっていうことを言ったんですよ。そしたら、そこから反対が始まって。その人にまず会いたいっていう話もあったんですけども、会う会わないの前に、やっぱりその人がどうこうじゃなくって、いろんな本を読んだりとか、部落差別を考える中では賛成できないって、「なんであえて差別されるところにお嫁に行かなあかんのかな」っていう話で反対されたんですよ。[*1*2]（A-1）

両親による浪子さんへの結婚の反対は、このようにしてはじまった。

当時、浪子さんは、被差別部落内の施設で働いていた。大学卒業後、公務員になり、初めての赴任先だった。施設では、部落の子どもたちの保育や教育にかかわる仕事をしていた。そこで、ひとりの男性と出会った。部落解放運動の専従職員で、その地域の教育を担当している栄さんという人だった。しばしば、顔をあわせるうちに、お互いに好意を抱き、交際がはじまった。

交際は順調に続き、浪子さんと栄さんは結婚を意識しだした。浪子さんは、交際相手が部落出身者であることを、あらかじめ両親に対して話しておくことにした。そして、両親から先述のような反対を受けたのだ。それ以来、浪子さんと両親は、毎晩のように口論になった。

両親は、さまざまな理由をあげて、浪子さんに結婚をあきらめさせようとした。特に、浪子さんに対して厳しい言葉を投げかける役目は、母親が担っていた。

お母さんもいろいろと部落のことは本も読んだりとかして、勉強して、で、「部落が悪いとかそんなことは思ってない」って。(A―2)

最初は「あえてそんな人と結婚しなくても人生は長いし、この人でなければいけないっていうことはない、あとからいろんな人に巡り会って、もっともっとすてきな人が出てくるかもしれないし、そんなに急いでね、相手を決めることはないいん違うの」って。「人生はもっともっと、いろんな人に巡り合うよ」っていうのが最初だったんですよ。(A―3)

今までは本当になんか手がかからなくて楽だったみたいで、母親が「二十何年間、今まで親に逆

らったことがない、なんでこの段になって親に逆らうの」みたいな話をされたりとか。（A-4）

しかし、他にいい人がいるとか、親の言うことを聞くべきといった程度の理由では、浪子さんを納得させることはできなかった。そこで両親は、新たな反対理由をもちだした。

自分たちは年老いていくからね、自分たちは別に差別されてもいいよって。だけど親戚の人たちや、いとこたちが結婚するときにね「あなたが部落の人と結婚したっていうことで、いや、こういうとこにはお嫁に行かせませんとかね、結婚できませんとかね、その人が結婚差別を受けたらどうするの」って、「あんた、どうやってそういうこと言われたら責任とるの」って言われたんですよ。やっぱそれ言われたら、すごくきついかなって。私自身が差別されるのはいいけども、全然関係のないいとこの人たちが、自分が部落の人と結婚することによっていい縁談が破談になったりってなったときにね、「あなたはいいでしょ、好きな人と結婚するから」って。「でも、じゃあいとこの人たちがそのためにね、好きな人と結婚できなかったらどう、あなたはどうするの」っていうふうに、すごい言われたんですよ。（A-5）

当初の反対には動じなかった浪子さんも、自分の幸せがいとこの不幸になると言われ、その「責任」を問われたことには、動揺してしまった。彼女の親は、この点を突いて彼女を責めつづけた。毎晩、浪子さんが仕事を終えて帰宅すれば、夜遅くまで結論のでない喧嘩が続き、浪子さんも疲弊してしまった。栄さんの母親は、そんな浪子さんを心配して、両親の説得をあきらめて「身体ひとつで来てください」と、栄さんの家で結婚生活をはじめることを提案してくれた。その気持ちはありがたかったが、浪子さんは諦めたくなかった。

私の中にはやっぱり、せめて自分の両親だけでも祝福してね、結婚したいんで、できる限り説得して、で、だめだったら、もしかしたら家を出るかもしれないけど、もう少し待ってほしいんですっていうことで。（A-6）

最初のうちは、栄さんは彼女の親に会うことさえもできなかったので、浪子さんはひとりで親に立ち向かっていかなければならなかった。栄さんは、浪子さんの話を聞き、彼女の気持ちを受け止めることしかできなかった。

そんなんを毎日繰り返してたんで、仕事から帰ったら親と話をしたら、毎日泣いてるっていうか、まあ親も泣きますよね。「何で解れへんの（なぜ親の要望を理解しないのか）」みたいな感じで。で、私は私で、すごい泣き…。親が言ったんですよ、「今まで、そんなに親に逆らったこと一度もないのに、何でこの場におよんでね、そんなに親に逆らうの」みたいな感じで。私一人娘なんでね、す

ご い親のほうも泣くみたいな。毎日がそんな感じで、毎日、目腫らして職場に行く。で、帰りに今の主人に会って、「親にこんなふうに言われたんや、今日もこういうふうに言われたんや」っていうことで、ふたりで会って、でもやっぱり頑張っていこうよいう話をふたりでしますよね。（A-7）

浪子さんの職場は栄さんの生まれ育った被差別部落のなかにあったので、浪子さんたちが悩んでいることを、伝え聞いた地元の人たちもいた。その中には、同じような辛い経験をした人が他にもたくさんいた。

主人の仕事場の方が夫婦で、（部落内外で）結婚してはって、……だいたいわかりますよね（浪子さんたちが）反対されてるっていうのが。それで食事に誘ってくださって、その時にいろんな話をしてくれて、「がんばりなさいね」みたいなかんじで。

その人たちも（結婚差別の経験が）ちょっとあったんかもしれないんですけども、「両親に話をしなあかん時があるんだったら、自分たちでいいんだったら話しに行くよ」みたいなことは言ってもらいました。（A-8）

栄さんは、いつまでも浪子さんひとりに親を説得させていてはいけないと思い、自分が直接会って話をするために、彼女の両親に面会を申し込んだ。

浪子さんの両親は、反対の理由は部落問題であると、会う前から彼に伝えていた。それに対して栄さんは、部落問題を理解してくれるよう、粘り強く説得を試みた。

それでなかなかもう、すったもんだしたんですけども、主人（栄さん）がね、私の親に会いたいし、私の親もどんな人か会ってみたいということで、母親だけが待ち合わせをして、3人で会ったんですよ。私と主人と、うちの母親と。で、そのときに、「まあ、見てね、人柄はすごくいいと思う」って。「だけど、結婚は賛成できない」って、「あなたが嫌な人で結婚を反対しているんじゃなくって、やっぱりそこにある部落っていう問題があるから、結婚は賛成でけへん」っていうようなこと、言われてんけども、まあうちの主人もやっぱり部落解放運動やってるから、いろんな思い持ってるんで、一所懸命うちの親を説得してくれたんですよ。（A-9）

浪子さんは、栄さんが「被差別部落の人」だから反対されるのは、「すごく嫌やった」と強く思っていた。

何かね、本人のことがねえ、本人自身の性格なり生活態度なり、そういうところで反対されるんだったら、仕方がないんですけど。本人には関係のないところでね、ただ部落の人やからっていう

ことでね、反対されてるっていうところも、やっぱりすごく嫌やったし。（A－10）

浪子さんの母親は、浪子さんと栄さんがふたりで熱心に説得しようとする姿をみて、絶対にふたりの気持ちは変わらないだろうと感じ、ついに容認に転じた。最終的には、ふたりの味方になり、浪子さんの父親を説得する役割を果たした。

毎日そうやって話する中で「気持ちが変われへんのやなあ」っていうことと、相手の、今の主人のことが（を）、いろいろ話する中でね、いい人やねっていうことが解ってきたっていうのが。そんな詳しくね、どうして賛成してくれたんかななんて、あんまり聞いたことはなかったんですけど、一番最後は、一番の協力者になって父親を説得してくれたりとかを、母がしてくれたんで、そういう部分では、やっぱり自分の子どもがかわいかったんかなって。だから、最後って、やっぱり親って弱いかなと思うんですけど。強固に絶対結婚するみたいな話になったら、最後はそうなる（容認する）のかなみたいな感じで、で、やっと折れてくれたんで。（A－11）

両親は結婚を容認したが、その代わりに、ふたりには「3つの条件」を受け入れることを求めた。

「じゃあそんなに結婚したいって思うのなら、3つ条件をつけます」って言ったんですよ。で、ひとつは部落解放運動を仕事にしてるので、その仕事を辞めて、全く違う仕事についてください。で、ふたつめは、部落の中に住まないで一般に住んで下さい。で、3つめが、あなたたちは好きで結婚したからいいけども、自分の孫が差別されるのは見たくないんで、子どもは作らないでちょうだいって、3つ言われて。(A-12)

結婚式のときにはね、うちの親戚には、部落であるっていうことは、今の段階ではね、伏せておいてほしい。やっぱり、まだまだ、いとこたちが結婚をしてない中ではね、迷惑をかけては困るので、そういうことがクリアされるまでは。まあ、うちの旦那にしたら、オルグ(勧誘)したいっていうのがありますよね、でもそれは、ちょっと控えてほしいっていうことで、それだけは呑んだんですよ。(A-13)

部落解放運動はしない、部落から転出する、子どもは作らないという最初の3つの条件に、さらに栄さんが部落出身であることは、親戚には秘密にするという条件も付け加えられた。浪子さんらは、最初の3つの条件を受け入れることはできなかった。4番目の、結婚式のときに出身を隠すという条件だけを受け入れた。しかし、栄さんは部落解放運動団体の職員である。結婚式の来賓には、部落解放運動関係の人々も来る。彼のプロフィールも部落問題に関することばかりである。それを隠すというのは、彼という存在を否定するようなもので、栄さんにとっては受け入れ難い条件だっただろう。

そのような不条理な条件を受け入れることで、浪子さんの両親は結婚を容認し、結婚式の準備がすすめられることとなった。

ところが、結婚式直前になって、再び父親が反対をはじめた。


でも、結婚する前日になって、またゴネてね、明日結婚式っていう晩に「やっぱり、あかーん」とか言って、ほんでまた主人が夜中に走ってきて説得してっていうのがあって、あんまり賛成ではなかったけども、娘が聞かないんでっていうことで。言いたいことはたくさんあったと思うんですけど、けっこう無口なんでね、言いたいことが言えないんで、けっこうだからうちの母親にはね、すごくブツブツ言ってたみたいですけど、直接、私には言えなかったみたいです、すごく。(A-14)

その晩、栄さんが必死に説得し、無事に結婚式はおこなわれた。こうして、浪子さんと栄さんの結婚生活が始まった。もちろん、3つの条件を受け入れなかったので、栄さんは部落解放運動の職員を続け、栄さんの生まれ育った部落に住み、子どもが生まれた。

浪子さんの両親は、結婚当初は差別的な言葉を何気なく言ってしまうこともあったようだが、少しずつではあるが部落問題に対する認識を変えていったという。

［質問者：お父さんはやっぱりまだこだわって？］そうですね、何にも言わないですけどね。でも母親も、まだまだ意識が薄くって（問題意識が低いので）すごい差別用語とか出てきたら、その度に「お母さん、それはね」って言われて（指摘されるので）、だいぶ意識の中身もすごい変わってきてくれ、「言うたらあかんねんやなあ」とか言ったりとかしてはるんで、ずいぶん変わってくれたかなっとは思いますね。今は部落やからどうやこうや、そいういう意識はもうないですね。そりゃあ自分の孫が差別されるっていうのがすごく嫌なんで、そのへんがちょっと心配かなみたいな。（A－15）

結婚してからはもう、そんなに反対っていうのはなく、両親たち、特に母親とかは、もうこっち（部落内にある住居）に遊びにきたりとか、してくれるようにすごくなりました。［筆者：それは、結婚してから、子どもができてからというのじゃなく…］結婚をして特に子どもができて［筆者：やっぱり孫が…］、「子どもはいらないよ」って言っててんけど、やっぱり私ひとり（っ子）なんで、初めての孫なんで、すごくかわいかったみたいで、その時はやっぱりころっと変わったかなと思うんです。［筆者：やっぱりそのときが一番…］そうですね、変わったかなって。［筆者：お父さんはどうですか。ときどき遊びに来られたり］はい、そうですね、あんまりないですけど時々来てますね。やっぱり子どもは、孫はかわいいっていうかんじで来てくれるんですよね。（A－16）

浪子さんの母親が部落問題への認識を変えていったきっかけのひとつが、孫であった。結婚の条件として「子どもを生まない」を挙げていたのだが、むしろ、その孫が浪子さんの母親を変えていった。父親は、母親ほどは認識が変わっていないと思われるが、それでも、やはり孫はかわいいようだ。

浪子さん自身も、部落問題や人権問題をもっと理解しようと努力している。職場が部落内にあるので、職場でも人権学習を受けている。

狭山（事件）のこと勉強したりとか、石川さんのこと勉強したりとか、また環境のこと勉強したりとか、あと民族のことを勉強したりとか、従軍慰安婦の問題とかね、いろんな人権問題を毎月勉強してるんですよ。[*3] みんな、担当して。ビデオを借りてきたり、資料集めてきたり。いろんなかたちで、また講師を呼んで勉強したりっていうことでね。だから、すごく人権意識を高めようっていうことで、厨房さんも、給食の先生も含めてね、みんなで学習してるんですよ。（A-17）

浪子さんが部落問題を熱心に勉強しているのには、他にも理由がある。息子たちに部落問題を教えなければならないし、かれらが部落差別に直面したときに対応しなければならないと考えているからだ。夫婦でも、しばしばこの話題について話し合っている。

上の子は何年かすれば、（結婚差別は）ありうることなんでね。そのときに、部落差別を受けたときにどういうふうに対処しようとか、やっぱり息子がこの部落に住むのが嫌とかね、いうことになったら、どういうふうに対応しようとか、そういうことは少し主人と話をしたりとかしますね。主人の中にはやっぱり、どっちかひとりはね、部落運動に携わってほしいと思うけど、こればっかりはね、親の思いで、子どもの思いっていうのもあると思うから。／ただ、私や主人がやってることは背中で見て欲しいなって。なかなか、忙しくしてるわりには、子どもには（夫婦が職場で部落問題に向き合っていることが）見えてるのかなって思えるところがあってね。／何か外にばっかりむいて、話をしてるけど、やっぱり自分の家族にね、自分たちがどういうふうに思って、こうして毎日過ごしてるのかをね、一番伝えないかん、大事な人かなって思えるんですけどね。（A－18）

## 2　結婚差別問題のプロセスで起こること

以上、浪子さんたちの事例をみてきたが、この例に沿って、結婚差別のプロセスの大まかな流れを整理して、次章からの分析のガイドラインにしたい。もちろん、個々の人々の体験は図式どおりではないので、結婚差別に決まったプロセスがあるわけではない。結婚差別において生じる様々なできごとを整理するための概念的なモデルであると考えてほしい。

まず、結婚差別は、いつ始まるのか。浪子さんの場合、「事前にちゃんと私の方から話をしといたほうがいいわと思って、きちんと親にね、実はつき合ってる人は部落の人なんやっていうことを言ったんですよ」と、親に相手の出身を伝えるところからはじまった。

浪子さんは、栄さんが部落出身であることを、親に伝える必要のある何らかの「問題」だと捉えており、事実、彼女の親はそれを「問題」だとみなした。そこから、結婚差別問題が生じる。第2章第4節「配偶者選択論と結婚差別」で述べたアダムスの図式に沿っていえば、「カテゴリーの著しい異質性（があると、親や周囲がみなしていること）」と「非好意的な親の介入」といった「継続への障壁」の段階にあたるだろう。

ところで、自分の交際相手が部落出身であることを、その人はいつ知るのだろうか。浪子さんの場合、栄さんが部落出身であることは、聞くまでもないことだった。彼女の赴任先が同和地区の施設で、栄さんは地元の青年で、解放運動にも熱心だったからである。

交際している相手が部落出身であることを知るきっかけはさまざまである。浪子さんのように「自然に」知った場合もあれば、交際相手が「うちあけ」することもあるだろうし、交際相手やその親が身元を調べた結果、知ることもあるだろう。つき合いはじめに知ることもあれば、結婚の直前に知ることもある。結婚後に、出身が明らかになることもある。

部落外の側には、相手の出身を知って、親から反対を受ける前に交際をやめてしまう人もいるだろう。反対に、部落差別をするような人間と交際を続ける気はないと、部落出身者の側から別れを告げることもある。後述するように、相手が部落出身であることを知って、そっと逃げていくような人もいる。

出身を知った後も交際が継続した場合、部落外の側は、自分の親に対して恋人の出身を伝える機会があるかもしれない。結婚を決めてから伝えることもあれば、結婚の予定はないがあらかじめ言っておくこともあるだろう。ここまでの段階を、ひとまず「うちあけ」の段階と名づけ、第4章で論じる。

次に、「親の反対」の段階が来る。もちろん、反対がない場合もある。

浪子さんの母親は、栄さんが部落出身であると知ったとき、あらゆる理由を列挙して結婚に反対した。「なんであえて差別されるところにお嫁に行かなあかんのかな」とか、「人生はもっともっといろんな人に巡り会うよ」、あるいは浪子さんの結婚によっていとこが差別されるなど、部落差別に関わることも関わらないことも織り交ぜての反対だった。

親が反対しても、カップルは説得を試みるだろう。それを「カップルによる親の説得」段階としたい。もちろん、便宜的に分類しているだけなので、実際の場面では、反対と説得は交互にくり返される。

浪子さんと栄さんは、お互いに励ましあって、浪子さんの親を説得し続けた。ふたりを応援してくれる人たちにも恵まれた。まず、浪子さんの母親に、態度の変化がみえはじめた。「毎日そうやって話す中で、『気持ちが変われへんのやなあ』」というふたりの気持ちが伝わった。また、「(栄さんが)いい人やねっていうことが解ってきた」。そのことが、母親の態度を変えた。その後、母は味方となって、父親を説得する立場になった。

ようやく浪子さんの両親は、結婚を容認した。ただ、いくつかの条件をつきつけた。部落解放運動をしない、部落に住まない、子どもを作らない、親戚には伝えないというものだった。これを「親による条件の付与」階段としよう。

ここまでの段階について、第5章で「親の反対」、第6章で「カップルによる親の説得」、第7章で「親の条件付与」に分けて事例を紹介する。

第8章では、第4章から第7章までの分析に入り、親の反対や条件、カップルの説得で用いられる言説について考察する。第9章では、結婚差別を「乗り越えた」後に、家族関係の中で再び部落差別が起こる「結婚後差別」について分析する。最後に第10章では、実践的な課題として、結婚差別を受けた人々への「支援」について考える。

以上、浪子さんの事例をひきながら、結婚差別のプロセスについて整理してきた。次章以降では、「うちあけ」、「親の反対」と順を追って、事例をみていきたい。

## 3 調査の概要

本書は、部落出身者への結婚差別が生じたとき、そのプロセスにおいて何が行われているのか、親と子の間でどのような相互作用が生じるのかについて、実際に結婚差別に直面した方々への聞き取り調査を通じて、明らかにすることを目的としている。

「カテゴリーの著しい異質性」や「非好意的な親の介入」という結婚への障壁があるとき、反対する「親」は、具体的にはどのような方法で反対をするのだろうか。それに対して、結婚をめざすカップルはどのような説得を試みるのだろうか。反対していた親は、なにがきっかけで、どういった理由で結婚を「容認」するのだろうか。結婚差別を経て結婚した人々の家族関係はどうなるのか。何をもって「結婚差別を乗り越えた」と言えるのだろうか。

浪子さんの事例では、粘り強い説得によって、親は結婚を「容認」した。けれども、結婚の「容認」をもって、差別を「乗り越えた」と考えてよいのだろうか。結婚式直前の父親の抵抗や、結婚後の母親の差別発言などは、どう解釈すればいいのか。浪子さんの事例では、どの時点で差別を乗りこえたといえるのだろうか。そのように考えると、結婚差別は結婚前から後にまで続く、長期間に及ぶプロセスであるといえる。

結婚差別事象のプロセスを丁寧に追うことで、様々な乗り越え方が存在することが明らかになるだろう。部落出身者との結婚はすべて反対されるわけでもないし、反対されたけれども「乗り越え」ている人はたくさんいるということを強調したい。また、結婚に至るという意味では「乗り越え」ているが、結婚前に残された課題が結婚後に引き継がれるというケースもある。本書では、このようなケースを「結婚後差別」と呼んでいる。それに対して、いわゆる「結婚差別」と呼ばれてきたものは、「結婚前差別」と呼びたい。

結婚差別のプロセスを捉えるためには、統計的調査よりも聞き取り調査がふさわしいと考えられる。とくに、生活史調査を通じて、親子関係であったり、学齢期における部落問題への接触経験など、結婚差別問題以外のトピックについても知ることで、幅広い知見を得ることができるだろう。

本書で使用したデータが得られた個々の調査の概要は次のとおりである。*4

①「同和問題の解決に向けた実態等調査（被差別体験調査）」

被差別体験研究会（代表・田中欣和関西大学文学部教授）が、大阪府の委託を受けて、二〇〇〇年八月末から一一月にかけておこなった調査である。

この調査に先だっておこなわれた同和地区居住者に対する質問紙調査「同和問題の解決に向けた実態等調査（生活実態調査）」に、「聞き取り調査のお願い」欄を設け、そこに連絡先を記入してくれた方に聞き取り調査を実施した。

この調査では、筆者は全35事例中20事例の調査を担当した。本書では、結婚差別に関する21事例を引用しているが、筆者はそのうちの10事例の調査を行った。調査チームでは、調査メンバー間のデータ解釈の齟齬を避けるため、全員でデータの解釈について検討する場を繰り返し設けた。

なお、「二〇〇〇年調査（被差別体験）」の元データは、大阪府に帰属するため直接利用することができなかった。そこで、被差別体験研究会のメンバーに限り『同和問題の解決に向けた実態等調査報告書（被差別体験）』で利用したデータを引用するという方法を用いて、論文等を作成することを認められた。

②「部落マイノリティ（出身者）に対する結婚忌避・差別に関する分析」

この調査は、部落解放・人権研究所が一九九八年から九九年にかけておこなった、部落出身者と部落外出身者との「通婚」カップルを対象にした聞き取り調査である。聞き取りの対象は、大阪府下の2つの被差別部落から選定された13組の「通婚」カップルである。筆者は、この調査にはデータ分析の段階から関与することになった。この調査は、本書では補足的に利用している。

③「全国部落青年の雇用・生活実態調査」

この調査の対象は、被差別部落に在住する青年および部落から転出した青年である。部落解放同盟の府県連を通じておこなった、部落青年の雇用・生活に関する質問紙調査の回答者八四三名の中から、より詳しい生活の実態を聞くために四三名に聞き取り調査を行った。調査期間は、二〇一一年四月から二〇一二年三月にかけてである。調査は青年の雇用状況を中心としているが、現職に至るまでの生育歴や学歴、恋愛や結婚、家族や友人関係、被差別体験など生活全般にわたって聞き取りをしている。

④「部落解放運動における女性活動家への聞き取り調査」

この調査は、科研費「戦後大阪の都市部落の変容過程に関する総合的研究（基盤研究（B）23330162）」（代表・野口道彦大阪市立大学名誉教授）のいくつかのプロジェクトのうちのひとつで、戦後の解放運動における女性活動家の聞き取りである。戦後の部落解放運動の黎明期から特措法期限切れ後にわたっての女性の活動について聞き取りを行っている。

二〇一一年から二〇一三年にかけて、部落解放運動に参加している方や、部落解放運動と共闘している団体の方、同和教育にたずさわった経験のある方など、二六名に聞き取り調査をおこなった。

⑤「結婚差別支援に関する調査」

筆者は、二〇〇七年より、結婚差別の相談を受けている団体「kakekomi 寺」のメンバーとなった。「kakekomi 寺」は、一九九八年に学校教員や結婚差別の被害を受けた当事者などの有志が集まり結成された団体である［大賀 1999］。現在は、創設者のひとりである大賀喜子を中心に活動している。大賀と筆者で、二〇一〇年から、過去に相談のあった人に連絡するなどして、3件の調査をおこなった。また、筆者が大賀に対して、kakekomi 寺設立の経緯について聞き取り調査も行っている。

さらに、筆者が講演等で知り合った結婚差別の被害当事者や、結婚差別を受けた人をサポートしている方にも、聞き取り調査を行っている。

これらのものを総合して、「結婚差別支援に関する調査」とした。この調査については、第10章「支援」の章で詳しく扱っている。

本書では、以上のような調査において、結婚差別の経験のある人々や、結婚差別を受けた人のサポートをしてきた人を対象とした聞き取りのデータから、上記の問いに答えていきたい。

注

＊1　浪子さんと栄さんの事例は、後の章での分析でも頻繁に引用するため、語りには（A-1）といった番号をつけている。

＊2　文中の聞き取り事例の引用では、以下のような記号を用いている。［筆者：］あるいは［質問者：］は聴き手の語りである。事例中の「／」は、語りの中略を示す。（　）内は、筆者による補足である。

＊3　狭山事件とは、『部落解放・人権辞典』によれば、「一九六三年（昭和三八年）五月に埼玉県狭山市で発生した女子高校生殺害事件。当時は〈善枝ちゃん殺し事件〉と呼ばれた。通常は、この殺人事件で、被差別部落の青年、石川一雄さんが犯人にデッチ上げられた冤罪事件として〈狭山事件〉と呼ばれる」事件である。現在も再審を求めて、さまざまな活動がおこなわれている。

＊4　調査名の冒頭につけられた数字は、次章以降でデータを引用するとき、対応する調査を示すために用いる。

# 第4章　うちあけ

## 1　うちあけるか、うちあけないか

部落出身者は、見た目の違いといった徴をなんら持たない。第1章で述べたように、住んでいる場所や、親や祖父母の出身などで、部落出身であるかどうかが判断される。そのため基本的には、住んでいる場所を知られるとか、他者が身元調べするなどしなければ、本人から伝えない限り、部落出身であることは人にはわからない。親しくなった相手に部落出身であることを伝えるかどうかは、自分で選択しなければならない。子どもの頃から、親しくなったらすぐに出身を伝えるようにしてきた人もいれば、親密な相手に伝えることができない人もいる。また、本人が親や祖父母の出身を知らなかったり、部落に住んでいても自分では部落出身だと思わないという場合がある。突然、他者にあなたは部落出身だと名指されることもありうる。

では、自身を部落出身であるとみなしている人のうち、どのくらいの割合の人が、交際相手に対して、部落出身であることを「うちあけ」ているのだろうか。うちあけの経験について、統計データをみてみよう。

まず、大阪府が二〇〇〇年におこなった「同和問題の解決に向けた実態等調査（同和地区内意識調査）」では、同和地区生まれの人に対しては結婚相手への告知の経験を、同和地区外生まれの人に対しては告知を受けた経験を聞いている。

「同和地区生まれ」の人について、結婚にあたり「告知した」ケースは、52・7％となっており、「告知しなかった」者（43・5％）を9・2ポイント上回っている。このうち、結婚前に「告知した」者は48・5％であり、結婚後に「告知した」者が4・2％であった。これを年齢階層別に分類すると、告知した経験があるのは、60歳代、70歳代が30％台であるのに対して、50歳代では43・1％、40歳代では57・5％と高まり、40歳未満では70％を超えている。

一方「同和地区外生まれ」の人について、結婚するにあたり相手から「告白された」者は、55・6％であり、「告知されなかった」者（37・7％）を17・9ポイント上回っている。このうち、結婚前に「告知された」者は48・6％であり、結婚後に「告知された」者が6・9％であった。年齢階層別では、告知された経験は、60歳代、70歳代が30％台であるのに対して、50歳代では43・6％、40歳代では69・3％と高まり、40歳未満では75％を超えている。

いずれにおいても、「告知」がおこなわれている場合、ほとんどは結婚前に告知している。また、年齢階層が若いほど告知の割合は着実に増加している。同和地区出身者と地区外出身者の結婚が若年層ほど増加していることは第2章第3節で述べたが、同和地区出身者が自らの出身を明らかにする傾向がある中で、そのような組み合わせの結婚が進行していることがわかる［大阪府 2001］。

また、この調査では、結婚前に出身について「非告知」を選択した人々に対し、非告知の理由をたずねている。「非告知」の理由は、「あえて問題にするほどの内容でもないから」（二七六人、48・8％）、「関係がこわれるのがいやだったから」（二五人、4・4％）、「相手が同和問題を理解していたから」（三三人、5・8％）、「相手はすでに知っていたから」（一七三人、30・6％）、「その他」（四一人、7・3％）、「無回答」（一七人、3・0％）であった。相手がすでに知っていることを予期して告知しない人は、三割を占める。

近年の調査では、福山市（二〇一〇年）と伊賀市（二〇一二年）で、結婚時の「告白」について質問しているが、ともに単純集計のみで、年齢別や時期別の集計が公表されていないので、参考として数字をあげておこう。

伊賀市調査では「結婚するにあたり、自分が同和地区出身である、あるいは同和地区に住んでいるといったことを相手や相手の保護者に告げましたか」とたずねている。「告げた」49・1％、「告げなかった」29・1％、無回答29・0％であった。また、告げた理由と告げなかった理由も、それぞれ聞いている。告げた理由で最も多かったのは「後で問題になるよりは、先に言っておいたほうがよいと思ったから」39・8％、つぎに「自分のすべてを知ってもらいたかったから」34・9％、「相手が同和問題を理解していたから」「相手がなんとなく気づいていたから」「その他」がそれぞれ8・4％であった［伊賀市 2012］。

一方、「告げなかった理由」は、「相手はすでに知っていたから」37・5％、「あえて問題にするほどの内容でもないから」22・9％、「関係がこわれるのが嫌だったから」16・7％、「相手が同和問題を理解していたから」6・3％、その他16・7％であった。

結婚差別に対する不安は、うちあけをする理由にもなれば、うちあけをしない理由にもなる。うちあけをした人の場合、「後で問題になるよりは、先に言っておいたほうがよいと思ったから」うちあけるのであり、うちあけなかった人の場合、「関係がこわれるのが嫌だったから」うちあけないのである。

福山市では、「出身を告げた時期」について聞いている。時系列に並べると、「以前から知っていた」15・3％、「つき合い始めた頃」26・7％、「結婚を意識した頃」16・1％、「結婚する直前」6・8％、「結婚後」14・4％、「今も告げてない」4・5％、無回答15・8％となっている。結婚前に告げなかった人や、今も告げていない人が二割ほどいることがわかる〔福山市 2010〕。自由回答においても、結婚前にうちあけをしなかった人についての回答がみられる。

「結婚はしているけど、いまだに言っていないです」

「長男が結婚する際、『同和地区出身であることを告げているか』と聞かれ、『告げた』と言っていたが、実際は言わないまま結婚し、その後、相手の親に反対されて離婚した。そのことが原因で〈筆者注：回答者と長男の〉親子関係、家族関係は悪くなってしまった」

「息子が結婚するときに、親としては告げた方がいいのではないかと悩んだが、息子は『告げたら結婚はダメになる』との思いがあり、告げていない。今でも、相手に告げていない。娘の結婚のときは、相手に告げたが、（相手の）親には告げていない」〔以上、小山 2013〕

これらの調査データからは、交際をはじめてすぐにうちあける人もいれば、結婚後もうちあけずに暮らしている人も稀ではないことがわかる。

以上、実態調査のデータから、うちあけの状況を概観してきた。現在、同和地区の実態調査を行っている行政がほとんど存在しないため、全国的な趨勢まではわからないが、うちあけをめぐっては、人によって様々な選択がありうるということはわかるだろう。

次の節からは、うちあけをめぐる聞き取り調査の事例を検討していく。うちあけするかどうかの選択は、どのように決定されるのだろうか。

## 2　うちあけしなかったケース

まず、うちあけをしなかったケースについてみていこう。うちあけしなかった理由について、前述のアンケートで多数を占めていたのが、なんらかの理由で出身がすでに明らかになっていたという場合である。浪子さんの場合も、栄さんは地元の運動団体で働いており、お互いを意識する前から、栄さんの出身は明らかだった。一方、栄さんのいとこの場合、かつて結婚差別を受けて破談になった経験があり、そのため、現在の結婚相手には出身を伝えていない。

主人のいとこも結婚差別を受けて、破談になったっていうのが実際にあるんで。で、(破談後に新しい人と交際し)今結婚している人に対しても、自分が部落(外)、地区外に住んでるんでね、部落だっていうのを隠して、今なお生活しているっていう。だからね、夜だったら。荊冠旗(部落解放運動団体の旗)とか、すごい(たくさん)地域にありますよね、部落の中は。荊冠旗が目立つんで、夜しか来ないです、そこの夫婦は。/(浪子さん夫婦に対し)「部落のことは禁止よ」みたいな感じで。あまり触れずに、食事に来られても。多分、(夫は)気づいているんかなとは思うんですけど、面とむかって(は言わない)。

浪子さんからすれば、栄さんの地元が部落であることは、地域の中に来れば、部落解放運動や行政の事業があるので、一目瞭然だという。栄さんのいとこのように、自分が部落出身であることに結婚相手はおそらく気がついているけれども、出身についての話題を切り出すことができずに悩んでいる例は、他にもある。

**【大阪　30代女性　部落出身　①二〇〇〇年[*1]】**

Uさんは、八年間の交際を経て部落外出身の男性と結婚した。長い交際期間のなかで、彼女が部落出身者であることに夫は気づいていたようだが、部落問題について会話することはまったくなかった。[*2]

つき合いだして、家のほう送ってきてもらったりとか、するじゃないですか、それで、やっぱりわかるでしょう。（部落解放運動や行政の）ビラ貼ってあったりとか、雰囲気でね。それはわかってたと思いますよ。口には出さなかったですけど。

交際の段階より前に、友人関係のなかで、すでに部落出身であることがわかっているというケースも少なくない。

【四国　20代男性　部落出身　③二〇一一年】

——部落外の友だちもいると思うんだけども、その人たちにはどういうふうに？　聞かれたりとか説明したりとかってありますか？

説明と言うか、もう見たら丸わかりやき、別に触れてもこんけど。やっぱ仲よくなったら、よう遊ぶやんか。ていうか、まあここ（地元の部落に）来たって時点でもうわかる、言わんでも。

——そのことで何か話題に上ったりとかっていうのは、あんまりないですか？

そのことでっていうか、まあ中には（部落出身でない男友達から）「俺、部落の子とつき合いよるんやけど、お前どんなん？」っていう子はいます。「どんなん？」って俺に聞かれても（笑）。それで、女の方が、男の方は全然気にせーへんのやけど、女の方がそれ（自分が部落出身であることについて）悩んどる。つき合いよる相手が悩んどる。「（彼女が）『私、部落なんやって』いうてきたんやけど」いうて。「俺はどないしたらいいんや」って。向こうが言うてきたくなったら、言うてくるしみたいな。「そんときに別に答えてあげたらいいんちゃうか」としか僕は言えないですから。

このふたつの例からは、日常的な関係の中で、自然に出身が明らかになる可能性があることがわかる。明らかになった経緯は、「雰囲気」「丸わかり」というように、決定的なできごとがあったわけではない。本人は部落出身という自己認識があり、そのことを伝えていたにもかかわらず、相手の親が身元調べをして、出身かどうかを確認されたケースもある。

**【大阪　40代女性　部落出身　④二〇一三年】**

この女性は、高校時代、恋人の母親に「身元調べ」をされた。恋人は同級生で、彼女らが通っている高校は、部落の中にあった。その部落は、彼女の生まれ育った地元だった。部落解放運動にも参加していることから、彼女が部落出身者であることは、明らかであった。にもかかわらず、恋人の母親は、彼女が本当に部落出身かどうか確かめようとして、興信所に身元調査を依頼した。

はじめに「調べるで」って言われたんですよ。「えっ、あたしもうムラ（被差別部落）って知ってるのに」って言ったら、どうもうちのお父さんが違う人なんですよ。ムラじゃない人で。うちのお母さんも「お父さんはどうも違う」というので。で、住んでるところが、一応、私はもう「部落差別は土地（に対する）差別なんで」っていうてるんですけど、その人（相手の母親）が血筋が違うやろっていう。

血がちゃうやんっていう。あたしは血にこだわられたのが、すごく腹立ってんけど、籍（本籍地）はムラじゃないことになるみたいな捉え（方）をその人（相手の母親）は、しはって。お母さんはムラの人、半分ムラの人やけど（母親の祖父母の一方が部落出身であった）、お父さん全然ちゃう（部落出身ではない）から、「クォーターや」みたいな言い方したんですよ。

——戸籍上は部落の人じゃないみたいな。

戸籍上は。だから「クォーターで血が薄まってるじゃない？」みたいな言い方をしたんです。そのなんか、なんかすごい考え方するなあって、すごい冷静に見れて。

その母親には「悪気」はなかったという。しかも、彼女のルーツに関して「血が薄い」から、「よかった」というのであった。しかし彼女は、本籍地や地域を調べるということ自体が問題であることを、「あかんで、おばちゃん」とやんわりと指摘した。なお、二〇〇六年に「探偵業の業務の適正化に関する法律」が施行され、調査の結果が「違法な差別的取扱い」に用いられないための規定が設けられた。現在、このような調査を受託することは、探偵業法に違反することになる。

ところで、結婚の可能性があるのかどうかわからない時点で、身元調べをする人は稀であると思われる。多くの場合、結婚の可能性がでてきた頃に、身元調べは行われる。

**【近畿　20代女性　部落外出身　⑤二〇一四年】**

Zさんは、交際相手が部落出身であることを知らなかったのだが、結婚が決まり、彼に要求した「釣書」をもとに、親が住所をインターネットで検索したことで、彼が部落出身であることが明らかになった。

まあ結婚そろそろってなって、（相手の男性と彼女の両親が）会ったとき、私は（男性が部落出身であることを）知らなくて。

——後から（知った）。

そうなんです。それがまた、（彼女の親は）気に食わなかったみたいで。隠してて、挨拶まで来て、「後出し」っていう、騙したみたいな、感じ。

——お父さん、調べはった？

住所、勤めてるとことか全部書き出して持ってこいって（親が）言ってたので。まあ全部書いてて、そしたら、住所が載ってて、それを調べたら、なんか昔の名前のまま書いてたのかな（筆者注：本籍が記載されていたと思われる）。それを、グーグルかなんかで調べたら出て。

――本籍の？

なんかこういまは変えられたみたいで名前（本籍地の名称）が。昔の地名で書いてて。そしたら（Google の地図に）出て来なくて、出て来ないから、どうなってるっていう。で、それをなんか住所が違うみたいだけどって伝えたら、住所をたぶん部落のこと調べられてるんだと思ったらしくて。

少し話が複雑なので、解説をしておきたい。「昔の地名」とは、町名変更があって、現在は使われていない町名であると思われる。そして、彼が釣書に書いた地名とは、本籍地のことだろう。彼の親か誰かが、町名変更される以前の本籍地を書いたのではないだろうか。

だが問題は、彼が現在は存在しない町名を書いてしまったことではない。彼女の父親が、住所などを「全部書き出して持ってこい」と釣書を要求し、それをもとにインターネットで「身元調べ」をしたことが問題なのである。「釣書」は、「身元が確かである」ことを本人に証明させるための書類である。それは、「身元が確かでない」人をあぶりだす機能をもっている。そこには、部落出身者かどうかも含まれている。

彼女の父親は、「釣書」をもとに、彼の住んでいる場所や本籍地を、軽い気持ちでインターネットで検索したのかもしれない。しかし、住所や本籍地をインターネットで検索することは、すなわち「部落にルーツがあるかどうか」を調べることである。インターネット上には、被差別部落の古い地名も含めた情報が流通しているからである。

当時、彼女はそのことの意味がよくわかっていなかったので、父親は「そういうつもりで調べてるんじゃなかった」と考えていた。だからこそ、彼に対してネットで検索しても住所が「出てこない」と、身元調査について気軽に話してしまったのだろう。けれども、部落出身の彼は、本籍地についてインターネットで検索されたということは、すなわち、身元調査をされたのであると理解したのである。実際、彼女の父親は、彼が部落出身であるということを理由に結婚に反対をはじめた。

上述のふたつの例をみると、「身元調べ」には、探偵社・興信所に依頼するような大掛かりなもの（繰り返しになるが、もしこのような目的の調査を引き受けている業者があれば、それは探偵業法違反である）と、インターネットを用いて自分で調べるものがある。インターネットでの検索は、誰でも気軽にできてしまえるので心理的な抵抗は低い。そして、確かな情報とはいえない。しかしだからといって、身元を知った結果、「差別する」という悪質さの程度が低いとはいえない。

ここまでの例は、うちあけをしていないけれども相手が出身を知った例だが、次の例は、相手が出身を知らないまま、結婚生活を続けているという例である。

**【大阪　30代女性　部落出身　①二〇〇〇年】**

この女性は、夫に対し部落出身であることを伝えていない。周囲の友人たちが、出身をうちあけたことによって破談や離婚を経験していたので、自分はうちあけないことに決めた。夫は現在も彼女の出身については知らない。

　ずるいんかなあ、そんなん（部落出身であることを）言わないのは。でも結婚してから、一緒におったら分かるやろっていうのがあったからね。それがイヤやったら、それがイヤで離婚するっていうのやったら、それでもいい、いう考えやったから。だから。言わなあかんかったんかなあ、皆言うてあかんようになったって（友だちは言うことによって破談や離婚に至った）。でも、そういうの、（私は）全然思わなかったからね。言わなあかんとかね。全然関係ないわ、いう感じやったから。私自身が悪いことしたわけじゃないし。

　この事例のように、「うちあけ」しないことを積極的に選びとっている人もいる。一方で、うちあけをする勇気がなくて、言えないまま結婚生活を続けている人もいるだろう。いずれにせよ、結婚生活を維持するという目標を達成するための、「身元隠し戦略」――ゴフマンのいうパッシング――を実践して暮らしている人もいるのだ［野口 1991］［Goffman 1967］。

　本章の第1節のデータからもわかるように、結婚後も出身をうちあけていない人は決して少なくないのだが、相手がそれとなく知っていたり、相手はまったく知らなかったり、積極的にパッシングしている場合もあれば、うちあけできない場合もあるなど、実態は多様であることがわかった。

## 3　うちあけしたケース

次に、自分から部落出身であることを告げたり、相手から出身を告げられた経験のある人の事例をみてみよう。

**【大阪　20代女性　部落外出身　①二〇〇〇年】**

Aさんは、交際相手から出身についてうちあけられたとき、次のように感じたという。

私は、最初に聞いたときに、もう別にこの年代ですからね、そんなに昔の人ほど、今の人って、けっこう軽く考えているじゃないですか。ま、そこまで軽くも考えてないですけど、ま、そんなに気にしなくて。／そんなん全然気にする問題じゃないやん。

彼女自身は「気にしな」かったが、彼女の母親は、しばしば被差別部落について否定的な発言をする人で、「そういう地域（被差別部落）はこわい人が多いからやめときやというのは、以前、結婚する前に言ってたことがあった」ため、親が交際に反対するのではないかということが頭によぎった。

一方、Aさんの彼は、うちあけが大きな心理的な負担になっていた。

――じゃあ、つき合ってる、すぐぐらいに「実は部落やねん」ていう話は。

いえいえ、もう、だから。つき合って二年ぐらいで結婚したんですけど、その半年前ぐらいにそろそろ結婚というぐらいに。その時ですよ。うん。ほんとに、ぎりぎりまで。

――じゃ、やっぱりずっと言わないかんと思ってはった？

そうですね。昔から親友とかにも言う時でも、すごい、かなり、気持ちをこう、なんていうんですか、奮い立たせないと言えないみたいですね。


夫の出身について気にしないといいつつも、そのことを友人に話すのは「抵抗がないわけじゃない」と、Aさんは言う。その理由は、自分は気にしなくても、他の人は気にするかもしれないからだという。

やっぱり本当の親友には、「うちの旦那ってこういう人でな」って（話はするけれども）、多少は私もまるきり抵抗がないわけじゃない。うーん、全然気にせえへんけど、やっぱり私より周りが気になるじゃないですか。私は気にせえへんけど、やっぱり今の世間的にまだ、いくらなくなったとはいっても、現に埋もれてるだけのことがあるから、みんな心の奥底でやっぱりどっか思っている部分もあるやろし。そういうので相談したりして、親友に言ったりしたことはあります。

【大阪　40代女性　部落外出身　①二〇〇〇年】

Bさんの夫は部落出身者である。最初のデートのときに、出身をうちあけられた。そのとき、彼女は「なんでそんなん言う必要があるんかなっていうのんで、別に関係ないっていう形でつき合って」いた。

ほんで、私も聞いたんですよ。「なんでそんなん言うの」って、「別に関係ないやん」って言うたら、すごい、やっぱり自分自身もあんまり深くは言わへんかったんやけども、なんていうんかな、すごい好きになってから、そういうのが原因で別れたりするのが嫌やから、先に言いたかったから、言ったみたいなことを言ってました。

【大阪　30代男性　部落出身　①二〇〇〇年】

この男性は、部落出身であることを、結婚する前に彼女に伝えた。妻は、その必要はなかったというが、彼自身は、うちあける必要があったと考えている。

別に、嫁さんは言わなくてもいいって思っているんですけども、やっぱり僕からいわしてみれば、やっぱりね、言ったのはね、後々ね、こじれたときにも話しやすいんちゃうんかと。後々、もめごとあって、ムラ出身（部落出身）やとか言われたら、かなわんし。それを、頭の中に入れてもらって、相手の両親なりにも、その方が私はね、別に「隠す、隠さん」じゃなくって、私の意志としては、言ったほうが気持ち的に後々、楽になるんちゃうかなと思って。

以上のうちあけした3つの事例では、うちあけする側の「ふるいたたせないと言えない」、「すごい好きになってから、そういうのが原因で別れたりするのが嫌」、「言ったほうが気持ち的に後々、楽になる」といった緊張感と、うちあけされた側の「そんなん全然気にする問題じゃないやん」、「別に関係ないやん」、「なんでそんなん言うの」、「言わなくてもいい」という、軽い受け止め方の非対称性が鮮明に現れている。うちあけをする側は、交際の初期や、関係が深まっていく楽しい時期に、うちあけの悩みを抱えている。そして、後々のトラブルを考慮したり、「すごい好きになってから」破談になるよりは、傷が浅くて済むうちに別れたいと、この先おきるかもしれない不幸について考えてしまうのだ。

ところで、うちあけされた側からすれば、出身は「関係ない」とか「言わなくてもいい」と表現することで、恋人が部落出身であることを受容したというメッセージを伝えようとしているのかもしれない。だが、うちあけた側は、「関係ない」という返答を、どのように受け止めるだろうか。部落差別しないという肯定的なメッセージと捉える人もいるだろう。けれども、「部落出身であることも含めて、自分という人間を受け入れてほしい」と願う人にとっては、「関係ない」という言葉は、アイデンティティを否定されたように感じるかもしれない。

次の二例では、「関係ない」という表現が、部落への無関心や忌避から出た言葉だったことが、結婚後の生活の中で明らかになり、家族関係に深刻な亀裂をもたらした。

**【大阪　30代女性　部落出身　①二〇〇〇年】**

Cさんは恋人に対し、婚約するときに出身をうちあけた。婚約の挨拶の場面で、親から彼に対して、部落出身であることを説明してもらった。

結婚するときには言いました。「やっぱり、ちゃんと話しとかな、あかんから」って、うちの親のほうで、「それでもいいんか」っていう話は。／やっぱり隠していったところで、ばれることやからって。

それに対し、Cさんの恋人は、自分には部落出身の親友がいるから、「関係ない」と答えた。

一応、主人には〇〇（被差別部落の名前）っていうところに親友がいてるんですよ。いてたんですけど。「そやから俺は関係ない」って言った、その言葉を信じて結婚した。

――そこに友人がいるから、俺は差別問題には。

うん、気にしてないって。それで、結婚はしたんですよ。

しかし、実際には、夫は彼女が部落出身であることを、親戚にひた隠しにした。そして、そのことが原因で離婚に至った。

【大阪　30代女性　部落出身　①二〇〇〇年】

Xさんは、20代のとき、母親の知人である会社経営者の紹介で、その会社の従業員と見合い結婚した。その経営者も部落出身であり、彼女が部落出身であることは、経営者から見合い相手に伝えられていた。

社長も話してくれたし、何回か、（話し合いを）したからね、それでも「関係ない」言う人で。

この例でも、彼の「関係ない」の意味が、差別をしないという意味ではなかったことが結婚後に明らかになる。それは、部落問題について考えたくない、避けたい、フタをしておきたいという意志を示すものだったのだ。この二例については、結婚後に家庭内で生じる差別について論じている第9章で再び触れる。

うちあけによって、交際が終了してしまうこともある。恋人が、部落差別をする人だった場合である。また、うちあけの場面では問題がなかったのに、親の差別に同調して態度を変える場合もある。

【四国　10代男性　部落出身　③二〇一一年】

この10代の男性は二度、恋愛中に差別を受けている。ここで語られているのは、二度目に受けた差別についてである。「『ムラ出身やけん、別れよ』（とはっきり）いわれた」という。

部落出身っていうのが、部落出身者からしたらな…、言うの怖い。自分が「部落出身やで」って言うの、「実は部落出身やけど、このままでもいける？ つき合える？」っていうの聞くのは、正直な話でいうたら…、まあ結構怖い、俺は。まあ、絶対言わなあかんねんけどさ。／女は（自分のことが）好きやけん、好き同士やけん、女は絶対「気にせんでええよ」って言うけど、それ、親に言うたら、まあ、俺の話を（親に）したんやろうな。そしたらぴたっとダメになって、「会ったらいかん」って。そんな感じなる。「もう別れや」って。

「あんときは、ほんまに悔しかった」が、「俺が、もしオラオラ」と抗議すれば、部落出身者はすぐに抗議しにくると「部落民自体がみんなが悪く思われ」て、偏見を助長すると思い、抗議できなかったという。当時の彼にとって、「それだけは絶対避けたいこと」だったという。

交際を終わらせるのは、部落外の側とは限らない。恋人が部落に対してネガティブなイメージを持っていることを知って、部落の側から交際を断つことがある。

**【大阪　30代女性　部落出身　①二〇〇〇年】**

Wさんは、かつて恋人に出身をうちあけたことがある。恋人は、自分の家族には、そのことを秘密にするように、しつこくWさんに頼んだ。

（出身について）「それは困る、隠しといてくれ」っていうて。親がね、お父さんが議員やったんです。だから、「困る」って。相手の人に言われて、だから親には言わんといてくれって。親には絶対言わんといてくれって。で、そんなんやったら、私は（もう）いいって言って。

何か、やたらとね、向こうのお母さんが気にいってくれはって、私のことを。でも、そういわれたら（隠せといわれても）、一生隠し通すわけにはいかないやろうと。それに、自分のここ出身っていうことは消えないわけじゃないですか、言うたら。ずっとやっぱり残るもんやから。

Wさんは、親の顔色をうかがう恋人に失望し、自分から交際を絶った。

情けない男やなという感じはあったね。それぐらいのことで。／親なしでは生きていかれへんのかっていう感じはありましたね。すごく。

Wさんは、自分の出身を否定的には考えていない。むしろ、差別するような人々こそ、結婚相手にはふさわしくない人間だとみなしている。

彼女のように、差別する側が悪いと言い切れるようになるには、部落問題の知識をつけることや、ピア・サポートなどの何らかの教育や支援が必要であると思われる。そのことについては、第10章で述べる。

### 4 恋愛差別

次の例は、うちあけ後に交際が終了したけれども、交際の終了が部落問題と関係しているのかどうか確証がないというものである。

**【近畿 20代男性 部落出身 ③二〇一一年】**

恋愛差別があったんですよ、正直。／まあこの仕事（部落解放運動の府県連の専従職員）ついて、「どういう仕事してんの？」って言われた時に、隠すのもおかしいし。自分がやってることがなんかおかしなこととも思ってないんで、普通にそういうこと伝えてたら、やっぱりなんか徐々に違和感があるというか。たぶんその子は同推校（同和教育推進校の出身）とかでもなかったと思うんで、最初言ったときは、もう「ぽかん」ってかんじやって。なんか聞いたことあるみたいな。「あ、そうなんや」ぐらいやったんですけど、まあ「親には会われへん」っていうことになって。たぶん親からも言われてたんやろうとも思うんですけど、それでちょっと会われへんとか、なかなか変な空気なって。けど、そんなんって、何ていうんですか、証拠がないというか、確証がないから。しかも、つき合ってる状態やし、結婚とかも別にその時は考えてなかったんで、まあ一個の恋愛の中でそういう差別があった。まあ自分ではねえ、(出身を)言ってからいきなりそんなんなってるから、もう確実やろなあっていうのはあるんですけど。

彼は、別れの原因が部落差別であるのは「確実」だと感じているが、その確証がないため、ストレートに怒りを表出することさえできない。彼は、そのような状況を「恋愛差別」と呼んでいる。このようなモヤモヤとした「恋愛差別」を経験している若者は少なくないだろう。

「恋愛差別」が生じる背景には、日本社会における恋愛・結婚のあり方の変化が関係している。例えば、第2章第1節で述べたように、一九九〇年代半ばごろまでに出版されたルポルタージュで扱われている結婚差別の実例は、強烈な反対にはじまり、乗り越えや破綻、あるいは親との断絶に終わる、一定の「パターン化」があるといわれている[中村 2005]。

当時のルポルタージュでは、差別する側は同僚や教師などの男性であり、被害者にとってはじめての交際相手で、その人と結婚を約束し性的な関係も結んだが、部落差別によって裏切られるという典型的なパターンがある[宮津 1993、石飛ほか 1996]。一定のパターンが強調されたのは、人権啓発という目的のためには、結婚差別の厳しさとその倫理的問題を強調せざるをえなかったことと、結婚差別研究の蓄積が少なく多様性が提示できなかったことが原因であるといわれている[中村 2005]。

だが、一定のパターンが多いのは、当時の恋愛や結婚では、実際にそのような形態が多かったからだという可能性もある。当時は、職場や学校あるいは兄弟の紹介など、範囲は限られているものの、自分の望む相手と「つき合う自由」を手に入れた時代であった［山田 1996］。だが、交際相手と「別れる自由」を手にするのは、もう少し後の時代である。「つき合う自由」と「別れる自由」がセットになって初めて、恋愛を複数回、繰り返すことができたり、「恋愛と結婚は別」と主張したりできるようになる。「つき合う自由」だけがあり、「別れる自由」が制限されていた時代には、恋愛の先に結婚があると想定されており、一度交際がはじまれば、それは結婚を前提としたものであるとみなされた。

「つき合う自由」だけがあるときに、部落の女性が結婚差別を受けたならば、結婚することもできなければ別れることもできないという状況に追い込まれる。つまり、「つき合う自由」だけがあった当時の典型例は、啓発のために「パターン化」されたというよりは、当時、実際にこのような例が頻発していたのではないかと推測される。ただし、このような恋愛の規範は、中産階級的なものであり、すべての人が内面化していたわけではないだろう。したがって、このようなパターンにあてはまらないような恋愛も、実際には数多くあったと思われる。

そして、「つき合う自由」と「別れる自由」の両方が手に入ったとき、別れることの障壁が低くなる。すると、相手が部落出身であると分かったとき、何らかの理由をつけて交際を絶つことが容易になる。従来なら、よっぽどのことがなければ交際を絶つことができなかったので、相手が急に態度を変えれば、そこに部落差別が関わっていることは想像しやすかった。ところが、別れることの障壁が低くなると、結婚差別による心変わりかどうか見分けることが難しくなる。

このように、つき合ったり別れたりが比較的自由な状況の中では、「うちあけ」の段階で、結婚差別かどうか判別しづらくなっている例が数多くあるのではないだろうか。

## 5　部落出身同士

部落の若者と部落外の若者の結婚の機会が増大しているかたわら、部落同士での結婚を選んだ若者たちもいる。地元の知り合い同士のケースもあれば、部落解放運動を通じて他地域の若者と知り合ったケースもある。また、うちあけをしたら、相手も部落出身だったという、偶然の場合もある。

次のふたつの事例は、部落解放運動が交際のきっかけとなって、部落出身同士で交際した例である。

**【近畿　20代男性　部落出身　③二〇一一年】**

この男性は、県内の青年活動家が集まる会議で、現在の恋人と知り合った。彼は当初、運動を通じて恋愛をするのは不謹慎だという考えを持っていた。

なんか、絶対そういう恋愛感情を持って（運動を）やったらあかん、みたいなのがあったんですけど、ねえ。

――解放運動するといいことあるじゃないですか。

ねえ（笑）

——さっき聞き取りさせてもらったGさんも運動を通じて結婚なさったという話を。

そうですよね。

——めっちゃ出会いの場になってるじゃないですか。

結構ね、だからそんなんは、やったらあかんというか、まあ恋愛禁止じゃないですけど、なんかそんな感じを（持っていた）。

このカップルは、お互いに地元青年部の中心的存在であり、結婚してもそれぞれの地域を離れたくないと考えている。「なんか（どちらかに）偏るのも、あれかな」と、結婚後の活躍の場をどこに置くのかが、現在の悩みである。

**【九州　30代男性　部落出身　③二〇一一年】**

この男性も、部落解放運動を通じて恋人と知り合い、結婚した。相手も地元の運動の中心人物であったため、結婚して彼の地元に取られては困ると、彼女の地元の人々から釘を刺された。

——昔からの幼馴染とか？

地域は違います。Hなんですよ。解放運動青年部の活動のなかで知り合いました。

――あー、なるほど。部落の青年の典型的な。

そうです（笑）めっちゃ典型的です（笑）。結婚する時はそのときの支部の人に、その奥さんが一番がんばっていたから、「取られるのは困る」と（笑）。

部落解放運動に参加している青年を対象にした「全国部落青年の雇用・生活実態調査」（③調査）では、部落解放運動を通じて知り合った例は、他にもいくつかあった。

第2章第1節でも述べたように、従来、部落出身者と部落外出身者との婚姻の割合は部落解放のひとつの指標とみなされてきた。しかし、内田が指摘しているように、そのような指標は、部落同士の結婚は好ましくなく、部落と部落外出身者の結婚が望ましいという価値観を提示してしまう［内田 2005］。だがこれらの例からは、部落出身同士カップルは、差別の結果、「部落同士でしか結婚できなかった」のではないことがわかるだろう。

## 6　うちあけへの対処

以上、うちあけ段階で生じる可能性のある問題について整理した。結婚差別のプロセスの初期の段階で、すでにこれだけ多くの展開がありうる。

うちあけは、相手の受け止め方にも依存するので、うちあける側にとっては、どのようにうちあけるべきか悩むだけでなく、うちあけた後、どのような展開が待ち受けているのか、そのことも気になる。うちあけをめぐることがらに悩む部落の若者は少なくない。

二〇一五年の冬に大阪で行われた、「ぶらカフェ」という企画の中で、結婚差別について語り合う機会があった。うちあけについて、若者たちの実際の意見を聞く絶好の機会であった。

筆者が結婚差別について講演をおこない、そのあと2名の女性が結婚や恋愛の体験について語った。その場には、部落出身者も部落出身でない者も参加し、スタッフも交えると約三〇名が集まった。

その企画の参加者に、うちあけをめぐる体験や、理想的なうちあけについて紙に書いてもらい、それをもとにして、参加者全員で語り合った。

この会で語り合った内容から、うちあける側の悩みと、うちあけられる側の心構えについて、このような悩みに直面している人の参考となるような記述を紹介したい。

記述してもらった内容は、次のふたつである。うちあける側の視点から、「恋人に『ルーツ』などをにされたら受け入れやすい？　どんなふうにされた？　どんなのがいいんちゃうと思う？」という質問と、うちあけられる側の視点から「恋人に『ルーツ』などを『うちあけ』されたとき。あなたはどんな反応をした？　どんな反応をしたい？　どんな反応をされた？　どんな反応をしてほしい？　どういう反応がいいと思う？」という質問を投げかけた。

まず、うちあける立場の若者たちの回答であるが、実際にうちあけをした経験のある人は次のように答えた。

•サラッと言いたい。前、つき合っていた人は、人権学習で、部落問題について知っていたので、サラッと話せた。

うちあけ経験のない人にとっても、右のようなさりげない伝え方は、理想的である。

•ストレートにおれ部落やねんって言う。つき合うまえに、部落の話になってるときはその場で間違いを正す。

•たいしてなにも思わず、ふつうにあかしたい。

ただ、そのように気負いなく言えるためには、「技術」が必要であるという指摘もあった。

•日常の話、仕事の話、夢の話、地元の話、などにまぎれさせてさらっと…〝技術〟やと思うので〝練習〟がいる気がする…。

では、うちあけは、交際のどの段階ですべきなのだろうか。これは、意見が分かれた。

・つき合う前に親と共に話したい。
・言わんでいいことかもしらんけど、後で言うとお互いにイヤな思いすると思うから…。自分の名前を親が知って親の態度が変わったから、うちあけざるをえなくなった。

交際が深まる前に、相手の親が反対するような人物かどうかといったことを意識せざるをえない状況がある。一方、関係性が深まってから、うちあけたという人もいる。

・つき合って、お互いに色んなことを知る、理解しあうようになってから、出身の話をした。仕事とかも（部落解放運動に関わる仕事だったが）営業の仕事など印刷する仕事とか適当に言ってた。

次に、うちあけへの応答に関するコメントである。

・うちあけた後、「好きって言うよりも、勇気いったんちゃう？」「よく言ってくれたね。気にすると思って伝えてくれたん？」（と、言ってほしい）。「そんなん関係ない…」、そう言われると、言ったのに受け入れられないと思ってしまう。
・反応は、「地域の事知ってるし」などなどで特に反対の反応なかった。話をする時は、かなり緊張するので…。

- (自分が誰かからうちあけられたとしたら、)「あ、そうなん」と普通に返す。(実際に自分が部落出身だとうちあけたときの、相手の反応は)「ここ部落なんだー」と興味をもってくれた、(相手が)部落問題を勉強してきたため。

うちあける側がさらっとうちあけたいと希望しているのに呼応してか、うちあけられる側の理想も、重くならないようにさりげなく受け止めたいようだ。しかし、部落問題の話がそこで止まってしまったり、話を逸らせてしまったりするのではなく、さりげないながらも部落問題に興味や理解を示す態度が理想のようである。この章の第3節でも述べたように、「関係ない」という返事は、うちあけた側には否定的なメッセージであると感じられることがままある。また相手が、すでにある程度の知識を持っていると、うちあけがしやすいという指摘もある。

- みんなが理解してくれていれば、変な反応はないと思う。
- いろいろ素朴なギモンを聞いてきてほしい。関係ない、はイヤ。キホン的なことを知っててほしい。説明がメンドウ。
- 自分がムラをほこりに思ってることを理解してもらいたいから、今まで差別されてきたことをはなして同情ではなく理解してほしい。

・部落問題を知ってる、知らないで、受け入れるか、そうじゃないかが決まるような気がする。

前述のように、うちあけに対して「関係ない」と答えることは、部落への否定的なメッセージであると捉えられる。さりげなく反応しながらも、部落問題の「キホン」を学んだり「ギモン」を尋ねてくれたり、「同情ではなく理解」することがうけとめる側に求められる。

最後に、うちあけられる側から、うちあける側への意見である。

・だれであっても、あけてもらってかまわない。むしろ、あけてくれてうれしいかな。
・ムラのルーツやからあかんの?ってなるし、その人を好きになったわけやから、ルーツがどうであれ普通にしてたい。
・自分自身はほとんど気にしないので、どんな形でも良い。でも両親と共に話したい。

恋人が、自分を信頼してうちあけしてくれるのは、「うれしい」ことなのだということも強調しておきたい

以上、若者たちのコメントから、うちあける側とうちあけられる側の理想について整理した。部落の若者たちのうちあけへの不安を軽減するためには、部落出身であるかどうかにかかわらず、すべての人が部落問題を学ぶ必要があると思われる。うちあける側にとっては、相手が部落問題をすでにある程度

理解しているかどうかで、負担の度合いが大きく異なる。また、うちあけられる側にとっても、恋人が伝えようとしていることを受け入れる体制を作ることができる。

そして、部落問題学習の内容は、部落問題の知識を学ぶだけでなく、実際の場面で自分がどのような行動をとるのかを考えるようなものにしていく必要があるだろう。

注

＊1　聞き取り調査対象者の属性は、調査地、年代、性別、出身、調査番号、調査年の順に示している。なお、①二〇〇〇年調査や②通婚カップル調査、④女性活動家調査は、すべて大阪府内で行われた調査である。③青年雇用調査と⑤kakekomi寺調査に関しては、全国でおこなわれているが、人物の特定を避けるために、東海・近畿・四国・九州などのブロックで示してある。

＊2　後の章で、もう一度言及される事例に限り、語り手に、Uさん、Bさんなどの仮名を割り当てている。

# 第5章　親の反対

## 1　結婚差別と親

日本国憲法の第24条第1項には「婚姻は、両性の合意のみに基いて成立し、夫婦が同等の権利を有することを基本として、相互の協力により、維持されなければならない」と明記されている。

旧民法には、戸主権が規定されており、婚姻には戸主の同意が必要であったが、現在、法的には、子の婚姻に親の介入する余地はない。しかし、慣習としては、親の合意は必ずしも廃れたとはいえない。

例えば、「第15回出生動向基本調査（独身者調査）」では、独身者に対して、結婚へのハードルとなっているものや、独身にとどまっている理由についてたずねているが、調査結果からは、親の影響は小さくないことがうかがえる〔国立社会保障・人口問題研究所 2016〕。まず、結婚のハードルについてであるが、結婚意思のある未婚者に、一年以内に結婚するとしたら何が障害となるかについてたずねている（複数回答で、2つまで選択）。女性の14・3％、男性では8・5％が、「親の承諾」を選択している。

また、独身にとどまっている理由についての設問では（複数回答で、3つまで選択）、「親や周囲が同意しない」は、18-24歳女性で9・3％、男性で4・7％、25-34歳の女性で4・8％、男性2・7％となっている。

実際に結婚した人々のデータでも、親の影響が確認できる［筒井 2016］。第2章第4節ですでに引用しているデータであるが、もう一度ここで紹介しておこう。ＥＡＳＳ（東アジア社会調査）では、一九七〇年代生まれの配偶者選択について、「近代的」恋愛婚は78・5％を占めているが、「出会いでは親や仲人などが介在しなかったが、決めるときには親の影響力が比較的大きかった」という「親の影響あり」が18・1％、「親が紹介」2・3％、出会いも親が準備し結婚の決定も親がおこなった「『伝統的』アレンジ婚」が1・1％となっている。約二割は、結婚相手の決定において、なんらかのかたちで親が介在しているのである。

このように、数量的なデータからも、親の「承諾」や「同意」が、子の結婚に影響を与えていることがわかる。

部落出身者への結婚差別問題は、まさに、親の承認や同意が深く関わっている。子自身が部落を忌避しているなら、うちあけの段階で関係は終了するだろう。しかし、恋人たちは結婚を合意しているにもかかわらず、部落出身であるという理由で、親や周囲が結婚を反対するときに、結婚差別問題が生じる。そういった意味では、結婚差別問題とは、親や周囲の問題であるといえるだろう。

## 2　ひとつの事例から

親や周囲の反対に関して、ひとつの事例を紹介しよう。この事例の語り手である良平さんは、結婚前に出身をうちあけた。彼女は、良平さんが部落出身であることを「全然ＯＫ」と考えていた。だが、結婚の意思を親に告げたところ、彼女は親から反対を受け、結婚する決意が揺らいでいった。そしてある日、良平さんに別れを切り出した。

**【大阪　20代部落出身　男性　①二〇〇〇年】**

良平さんは、つき合いはじめの頃、部落出身であることを、彼女に伝えるかどうか迷っていた。ある程度の交際期間が過ぎて、「この人やったら」これからもつき合っていけると思えるようになって、はじめて出身をうちあけた。彼女の反応は、「それでも全然ＯＫで、つき合ってくれた」。

良平さんは、彼女にも部落問題を知ってもらいたくて、部落解放運動の青年部活動に誘ったり、日常的に部落問題について語ってみたりした。

ふたりが結婚の意思を固めたとき、彼女の両親はすでに良平さんの出身を知っていた。父親は、交際しているときには、とくに反対しなかった。「まさか結婚の話が出てくるとは」思っていなかったからだ。だが、結婚となると話は別だとして、結婚に反対しはじめた。

同じ頃、彼女の妹も、彼氏との結婚話がすすんでいた。この妹カップルも、姉と良平さんの結婚には強固に反対した。

彼女自身は、妹からそんなん言われて（結婚に反対されて）ショックやと。（妹の）ダンナさん（交際相手）のお母さんが、（姉と良平さんが結婚するなら）妹の二人（妹カップル）を「それやったら別れさす」というふうなことを言うてるんやないんやけども、そういう人やというのは、息子（妹の交際相手）が言うんですって。それを妹も肌で感じながら、妹は妹で、お父さんとかお母さんに、「（良平さんとの結婚を）やめさせるように言うてくれへんか」という話を親にする。（J-1）

家族の反対が、良平さんと彼女の関係に暗雲をもたらした。良平さんは、彼女の家族との話し合いを申し出たが、彼女は家族に会わせてくれなかった。

彼女は、僕にそんな（家族が結婚に反対している）話をする。なおさら、（良平さんは彼女の両親に）会わないかんとなりますよね。でも会わしてくれないんですよ。彼女自身が。妹を困らせたくないと。自分の幸せよりもこっち（妹）の幸せの方が大事やと最初、言う。「それおかしいんちゃうん」という感じになりますやん。「自分が幸せにならんと、他人の幸せもないぞ」と話をする。彼女が追いつめられる状況に。僕もやっぱり地元の青年部の先輩とかに、相談しながら。「あんまし突っ込んでも、彼女自身がストレスたまって、爆発する。もうちょっと、間あいた方がええんちゃうか」いう話で、少しずつ間あいてた。それが、いきなり別れてくれという話が、向こうからきたんですよ。／「良ちゃんきらいや。だらしないし」とかいう話をしてきて。で、「ほんまにそうなんか」いう話をしても、自分（の本心）を隠すんですね。（J-2）

良平さんは、彼女の性格について次のように語っている。

（彼女は）親を説得するとか、妹の親と話をするっていうのは大の苦手で。自分が何かをする時、努力しようと思うんですけどそっから進まないタイプ。／彼女は自分に殻を閉じ込めてしまう、しんどさを閉じ込めてしまうタイプやから。／彼女の性格からすれば、俺に迷惑かけたくないとか、親に迷惑かけたくないとかいうタイプなんですよ。（J-3）

妹を思って、彼女は良平さんに別れを告げた。しかし、それが精神的に大きな負担になり、抑うつ状態に陥ってしまった。娘の体調を心配した母親から、良平さんに連絡がきた。もう一度会って話をしてやってほしいという。

（彼女と会って）話を聞いていくと、「あの時、別れ話をしたのは、自分の妹の家庭を守るためや」と。「向こうの親とこっちの親がうまいこといくようにしたいからや」と。「自分が犠牲になっても、そうしたかった。結婚したかったけど、そうせないかん立場や」と、いうふうに言い出してんけど。結果、自分が身体こわして。何もできない状況。彼女が言うてくれたのは、（好きなのは）俺しかおれへん、と。ほんなら、これから二人で親を説得し、やっていこうやないか、ということで話をしたんですけど。（J-4）

良平さんは、今度こそ両親と話をしようと決意した。実際に会って話してみると、両親は良平さんらの結婚に反対ではないと言う。妹の彼氏の家族のせいにするのだ。

よくよく聞いてみると、お父さんもお母さんも反対ではないと言うんですよ。お父さんテレビ観ながら、僕の顔も見やんと「俺たちはもう、反対はしてないねん」、そんなそぶり見せる。お母さんはお母さんでこう、イケイケの人いうか、はっきりモノ言う人やから、うちの娘のこと考えるんやったら結婚してくれてもええ、とまでは言わへんけども、やってくれてええと、いう話をしてくれるんやけど。お父さんはお父さんで「俺は全然反対ちゃうで」いう感じやったんです。どっちやねん、いう感じで。向こうの妹の親のせいにしはるんです。これがやりきれなくて。「君達の意見は」、というのがない。でも会ったのが二回目やったから、そんなん、つつけない（強くは問いただせない）んですよ。（J-5）

良平さんは、親の容認が得られなくても、結婚に踏み切ろうと考えていた。しかし、彼女は「本人の頭の中にはそれはない」、「まわりに祝福されるような結婚をしたい」と考えていたので、親を説得せずに結婚をしてしまう作戦は叶わなかった。

（良平さんの周りには、親との交際を絶った友達がいるが）そういうのを彼女は見ながら、「自分は駆け落ちしたくない、親に祝福されて結婚したい」というのがあるんで。俺も、そうや、と。ただ、「俺たちが結婚できんようになったら元も子もないから、最終手段はそれしかないぞ」という話はしてる。それが最終手段かどうかわかりませんけど。ただ、本人の頭の中にはそれはないんですよ。親に祝福され、妹にも祝福されたい、まわりに祝福されるような結婚をしたいと。ま、理想です。そらそうですよね、誰でも。（J-6）

この例では、いったい誰が反対しているのだろうか。「（妹の）ダンナさん（交際相手）のお母さんが、（姉と良平さんが結婚するなら）妹の二人（妹カップル）を『それやったら別れさす』というふうなことを言うてるんやないんやけども、そういう人やというのは、息子（妹の交際相手）が言うんですって」というように、反対しているのが誰なのか、すぐにはわからないぐらい複雑な関係になっている。もう一度、関係を整理すると、部落出身男性の良平さんが、部落外出身の女性と結婚を考えている。その女性には妹がおり、彼女にも交際相手がいる。妹の交際している男性の母親は、差別的な意見の持ち主で、おそらく部落出身者を忌避すると思われる。もし姉が部落出身者と結婚したら、妹も部落の関係者になる。そうなると、妹の彼氏の母親は、妹たちの結婚にも反対するかもしれない。だから、妹と彼氏は、自分たちが結婚するためには、姉と良平さんの結婚を阻止したいというわけである。

しかし、その母親は差別的な意見の持ち主であるが、本当に息子らの結婚に反対するのかどうかは不明であるし、そもそも良平さんたちも、妹カップルも、まだ結婚していない。未だ「親戚」になっていない人物が将来的に差別をするかもしれないから、部落出身者との結婚に反対するというのである。ここで実際に結婚の反対をしているのは、「妹の彼氏の母」ではなく、両親、妹とその彼である。この場合、「差別をしている」のは、いったい誰なのだろうか。

ひとまず、良平さんの事例は、ここまでにとどめておいて、その後の展開については後述する。良平さんの事例からわかることは、恋人が部落に対して否定的に捉えていなくても、親の強固な反対によって、交際が終ってしまう可能性があるということだ。そして、結婚の反対をめぐるやりとりのなかでは、部落問題だけが議論されるのではないことがわかる。良平さんの事例では、「祝福」や「幸せ／不幸」がキーワードになっている。「祝福」や「幸せ」をめぐる親子の応酬は、これから紹介する事例でも数多くみられる。そのことにも注目して考察を進めたい。

## 3　反対を受けなかったケース

次に、交際相手の出身を伝えても、親が結婚に反対しなかった例を挙げておきたい。結婚差別を受けなかった例は、結婚差別問題の論考ではあまり扱われることがない。第2章で述べたように、結婚差別を受けた割合を統計的にあらわすことは難しいのだが、以下の事例を概観すると、一定の割合で、親から反対を受けなかった人もいることが推測される。

結婚差別に関する書籍や論文では、厳しい差別を受けた事例ばかりが列挙されがちである。結婚のとき、必ずしも差別問題が起こるわけではないのだが、差別の事例ばかりが並んでいると、差別事件が頻繁に起こっているという印象を読者に抱かせてしまうかもしれないので、ここで、結婚差別がなかった場合を例示しておきたい。

**【大阪　20代女性　部落外出身　①二〇〇〇年】**

恋人からうちあけをされたが、「ま、そんなに気にしな」かったという、第4章第3節のAさんの事例の続きである。彼女自身は彼の出身を問題にしなかったが、母親が部落出身者との結婚を避けるよう忠告していたことを思い出し、結婚を反対されるのではと不安に思っていた。しかし、実際には反対を受けなかった。

母親とかが、「そういう地域はこわい人が多いから、やめときや」というのは、以前、結婚する前に言ってたことがあったんですよ。／（しかし）ダンナはうちの母親とかに会って、そんなに（交際相手の男性は）人柄的にはそんな恐いとかいうことはないんで、（また）私が言うと聞かへんというの（Aさんが一度決断したら親の言うことには耳を貸さないこと）を知ってるから、別に反対もなしに、すんなり。

ただ、結婚には反対されなかったが、条件を与えられた。親戚には出身を言ってはならないというのだ。Aさん自身も、「私は気にせえへんけど、やっぱり今の世間的にまだ」部落を避ける意識があると考えていた。彼女の母親も同じような考えを持っていて、自分は差別しないが親戚はそうではないと予想していたので、結婚に条件をつけたのだった。このような結婚の容認とひきかえの条件付与については第7章で後述する。

次の例も、相手の両親からの反対はなく結婚できたケースである。親からは、祖父母は反対するかもしれないが、彼らの言うことは気にしなくてもよいとアドバイスを受けた。

**【四国　30代男性　部落出身　③二〇一一年】**

この男性は、父親が部落出身、母親が部落外出身である。幼い頃に両親が離婚し、母親の実家で育った。父の故郷である被差別部落に住みはじめたのは、最近のことである。彼は、自分を部落出身者だと認識しており、交際相手にもそう伝えた。

つき合うときに、僕、それは自分で言ってたんですよ、「俺、部落出身やから」いうことで、部落出身の父がおるいうて、まあ、部落出身の父がおるって言い方はしてないですけど、「僕自身が部落出身や」って言うとんで。それでも「そんなん関係ない」いうて、相手方の父親も母親も反対はしなかったですね。ただ、よくある話っていうか、嫁さん（妻）のお母さんとかお父さんの親（祖父母）が、やっぱそういう（差別的な）考え持っとる人で、反対はすることもあるかもしれへんけど、「結婚するんはあんたらやけん、関係ないよ」っていう風な感じですね。

次の例は、相手の家族の方も、入信している宗教を理由に自分たちが結婚差別を受けるかもしれないと心配していたという例である。

**【九州　30代男性　部落出身　③二〇一一年】**

この男性は、恋人の親から結婚差別をされるかもしれないと、交際中から不安を抱いていた。もし差別されても、何度でも彼女の親を説得すると、彼女に約束していた。だがそれは杞憂にすぎなかった。彼女によれば、家族は入信している宗教のことで他人から冷たい目でみられ続けてきたという。その経験から、両親は属性で人を差別することはしないと、彼女は言い切った。

結婚申し込んだ時には、すんなり、「あぁ、やっと来てくれたね」ちゅうて、あっさりでした。僕のあれは。／できちゃった婚なんですね、子どもができてたんで、それだけ報告をして、ならもう、お父さんとお母さんは「あんた、じゃあ結婚式はいつ頃がいいね」って。／もう前向きに、本当応援してくれて、今でも。

以上の三例のように、親の反対が杞憂だったということも、しばしばある。ただ、親戚の中の誰かの反対が予期される場合、うちあけは両親までにとどめておく場合もある。その場合、直接的な差別発言や反対には出会わないけれども、出身を隠すよう強要されるという意味では、ある種の差別を受けていることになる。

親の反対を予想して、両親にはうちあけなかった例もある。出身については、ふたりの間でとどめておいたのである。前章で「『そやから俺は関係ない』って言った、その言葉を信じ」て結婚を決意したCさんの例の続きである。

**【大阪　30代女性　部落出身　①二〇〇〇年】**

Cさんは、交際相手に出身を告げたところ、「関係ない」といわれたので、その言葉を信じて結婚を決意した。しかし、夫自身は「関係ない」と思っていても、妻が部落出身であることを言えば、彼の親は強く反対するだろうと夫は予測していた。そこで夫は、親には絶対にそのことを伝えないでおこうと決めたようだった。

周り（夫の親戚）が成り上がりで、もともとええ家の人やから。奈良のどっか、いい家柄。母親も大阪のいい家柄やったみたい。それでも、なんか成り上がりになった人やから、お父さんがすごい反対するから、「言わんとこ」って思ったらしい。父親には（Cさんの出身について話さず）、墓まで持っていこうって（Cさんに）言っていたんだけど。

夫の親はCさんの出身を知らなかった。当然、結婚にも反対はなかった。しかし、後述するように、結婚後に部落を忌避する態度をあらわしたのは、親ではなく、夫自身だった。

以上、親の反対のなかったケースについてみてきた。だが、親や周囲に対して出身を明らかにした上で反対されなかったという、本来的な意味での「反対なし」だけではなかった。親でとどめておいて周囲には伝えないという例や、ふたりの間で秘密にしていたという例など、問題を顕在化させていないだけで、差別がないとは言い切れないようなケースである。第7章で後述するように、うちあけの「範囲」を限定することが、結婚の条件として付与されることもしばしばある。

## 4　親の反対と交際の破局

親の反対に抗えず、交際が終了してしまうこともある。相手の親に反対されたが、その親を説得したり抗議することさえ叶わず、交際が終わってしまった例から紹介していこう。第3章第3節の「うちあけしたケース」で引用した事例であるが、再度、ここで挙げる。

**【四国　10代男性　部落出身　③二〇一一年】**

この10代の少年は二度、恋愛中に差別を受けた経験がある。最近の経験では、交際相手から「ムラ出身やけん、別れよ」と、はっきりと部落出身であることを理由に別れを告げられた。

部落出身っていうのが、部落出身者からしたらな、言うの怖い。自分が「部落出身やで」って言うの、「実は部落出身やけど、このままでもいける?つき合える?」っていうの聞くのは、正直な話でいうたら、まあ結構怖い、俺は。まあ、絶対言わなあかんねんけどさ。／女は（自分のことが）好きやけん、好き同士やけん、女は絶対「気にせんでええよ」って言うけど、それ、親に言うたら、まあ、俺の話を（親に）したんやろうな。そしたらぴたっとダメになって、「会ったらいかん」って。そんな感じになる。「もう別れや」って。

次の例も、交際相手はうちあけを受け入れたものの、親の反対によって態度を翻したケースである。

**【大阪　20代男性　部落出身　①二〇〇〇年】**

この男性は交際相手にうちあけをしたところ、相手は「別にそんなことは気にしない」と答え、交際は続いた。結婚することになり、彼は交際相手の両親のもとに赴き、自分が部落出身であることを告げた。

（相手の両親は）「ああ、そうなんだ」という程度の捉え方だけだったんですよ。で、「一緒になりたいんで（結婚したい）」っていう話をしたときも、はっきりしたＯＫはもらえなかったんですよ。正直、両親の方から、「何ごとも急だったんで、ちょっと考えさせて欲しい」っていう返事しかもらえなかったんです。

ところが数日後、両親が反対しているから結婚はできないと、彼女は別れ話を切り出した。彼は「彼女にも迷惑がかかる」として「きっぱり別れる」ことにした。

まあ、結局本人（交際相手）自体は気にしてないっていう部分もあるんですけど。まあ、親がどうしても言うんでっていうことですね。っていう彼女は、まあ、言い方おかしいかも知れないですけど、まあ、親に負けたっていうか。親自体が、どうしてもそういう人間とは一緒にさせたくないっていうのは、強かったみたいなんで。その後、そう告白されてすぐにでも、結局、電話しても取り次いでもらえなかったりとか、そういうふうな態度にすぐ変わったんで。まあ、これ以上続けると、結局、彼女にも迷惑かかると思ったんで、そのへんはもうきっぱり別れましたけどね。

結局、親自体がそういう偏見を持ってたっていうことでしょうね。世代かもしれないですけど、部落差別の地域に住んでる人のところに嫁にやる、イコール不幸になるみたいな。結局、その娘が不幸になる、イコール親もそういう目で見られるのが嫌やっていう部分もあると思うんですよ。／部落問題がいまずっと残っててね、そういうのんがあるっていうのが、彼女自身ちゃんと捉えていれば、実際、親にはもっとはっきり（事前に）言ってたと思うんですよ。「今、私のつき合っている人はこんな出身で、こうこうで」っていうのは。でも、言うてなかったような状態っていうのは、彼女自身がそれに対して軽く捉えてたっていうか、「へえ、そういう出身の人なんや」っていう程度でしか捉えてなかったんで、まあ親に言う必要もなく、彼女は僕のことを普通の人やと思って、同じ人間やんということで見てくれてたんだと思うんですけどね。

彼女は被差別部落に対して否定的なイメージは持っていなかったが、正確な知識も持っていなかった。部落出身であることを「軽く」考えていて、親に伝えるほどのことでもないと思っていたようだ。前章の「関係ない」とか「気にしない」という態度に近いだろう。ところが、結婚直前に親に出身を伝えたところ、猛烈な反対がはじまった。彼女は、その「親に負けた」のだという。

彼女の親が反対する理由は、部落出身者と結婚すると娘が「不幸」になるからだという。第2節の良平さんの事例でもみられたように、祝福や幸せ・不幸は、結婚差別問題の重要なキーワードである。これらの概念がなぜ頻繁に利用されるのかについては、第8章で分析したい。

ところで、交際していたカップルが結婚を決意するきっかけに、妊娠がある。妊娠先行型結婚、いわゆる「でき婚」は、10代後半から20代前半の女性の場合、結婚の半数以上を占めている［永田 2002］［厚生労働省大臣官房統計情報部 2010］。それ以降の年齢層でも少なくない割合を占めている。結婚するより前に妊娠することは、まったくめずらしいことではない。

日本では、婚外子への忌避が強く、妊娠した場合、結婚せずに産むよりは、結婚することが選択される。若年者の妊娠先行型結婚の割合が高いのはそのためである。なんらかの理由で結婚しない／できない場合、人工妊娠中絶が選択される。結婚差別問題においても、親の反対によって交際が終了するのに伴って、人工妊娠中絶を余儀なくされたという経験がしばしば語られる。

**【九州　30代女性　部落出身　③二〇一一年】**

この女性は、長く交際していた男性の子どもを妊娠したが、結婚に反対されて中絶せざるをえなかった。

自分がつき合ってる人がいたんですけど、長くつき合ってたんですけど、向こうの親に「つき合うことはいいけど、結婚することは許さん」みたいに言われたことですかね。／当時妊娠してて、もう結婚するみたいになってたんですけど、もう堕ろしてくれって言われて。一応（自分の）母親に相談して「もう、そんなこと言うところには、行かんでいいやない」っていう風に言われてですね。で、「その子どもが（を）今、堕ろしても、次にできんって訳じゃない」っていって説得されました。／まあ悲しかったですけどね。

（相手の男性は）まだ遊びたいみたいな、そんな感じだったんですよね。／最初はだから、もう「結婚しよ」みたいになってたんですけど、なんか親に説得されたんですかね。／まあ（自分の）母親が言ったことも一理あるので、そんな家のところに（行く必要はないと思った）。

【四国　30代男性　部落出身　③二〇一一年】

この30代の男性は、交際中の彼女が妊娠したが、彼が部落出身であることを理由に結婚を反対され、子どもは強制的に堕胎された。

もう、反対されるのわかってたんですよ。R（部落名）いうので。なんで、中絶ができん時期まで黙ってたんです。で、6ヵ月まで黙っとったら、病院の方から母親手帳いうのを送りやがって、家に。／それで発覚して。で、呼ばれて、それでそのまま「Rの子には、嫁にやれん」（と言われた）。

強制的にもう、なんですか。早産いうかたちで、出してもうて、殺すみたいな。そん時、もう、町役場に死亡診断書ですかね、あれ出さないかんのですけど、それも出してくれるなと（相手の親に言われた）。「Rの子の子ども堕ろしたんがバレるようなものは、出してくれるな」と。／もう、そこまできついことされたいうんがあって。

「早産いうかたちで」「殺す」とは、人工妊娠中絶ができるぎりぎりの週数で、中絶したということだろう。中期中絶の場合、その届けが必要になるので、「死亡診断書」とは死産届のことを指すのだろう。つまり、彼の恋人の親は、娘のお腹にいる、すでに大きくなっている胎児を中絶させた上、部落出身者の子を妊娠し中絶したことが「バレる」のを避けたくて、死産届を出すのも嫌がったということだ。

上記の中絶させられた二例のうち、前者は女性が部落出身であり、後者は女性が部落外出身であるが、いずれの場合も、女性の側が身体的・精神的に大きな負担を背負わされてしまう。

ここまでは、親の反対によって、部落外出身者の側が交際を終了させた事例であった。しかし、交際の終了を決めるのは、常に部落外出身の側であるとは限らない。第3章第3節のうちあけの例と同様、部落出身の側から、交際を終了させる場合もある。

【大阪　20代女性　部落出身　①二〇〇〇年】

彼女は10代の頃、当時の彼氏の親から「結婚抜きのつき合いやったらいいけど、結婚考えるんやったら反対やぞ」と言われた経験があった。彼氏は「一緒に家を出よう」と提案したが、彼女はまだ具体的に結婚を考えていなかったこともあって、この恋愛は結婚に至らず、そのうちに別れてしまった。この経験から、彼女は「自分の気持ちも、相手の気持ちも深く戻られへんようになる前に」、交際相手には早めに出身をうちあけるべきだと考えるようになった。

20代になって、新しい交際相手ができた。彼には、交際の早い時期にうちあけをした。だが、彼は部落出身であることが結婚の障害になるとは考えていなかった。

で、何度か、結婚のお話が出る前から、向こうの実家にも遊びに行かしていただいて、向こうのご両親とも「こんにちは」みたいな感じでお会いしてたんだけども、結婚ていう話が出て、その相手の人にも同じように、私が同和地区やていうのは、言ってあったんですよ。で、向こうのご両親には「言うてくれたんか？（出身であることを伝えてくれたか）」みたいなんを（彼に）言ったら、「まだ言ってない」みたいな感じだったんですね。で、「そんなん関係ないやん」て、彼は。で、「言う必要もないやろ」って言ってるんですね。でも、私にしたら、先じゃないですけど、後々わかるんやったら、最初に言っておいてくれみたいな感じで、お願いして、で、それを向こうのご両親に言ったら、お父さんは「もう全然、別に今はもう、そんなん関係ないわ」みたいな。でも、お母さんの方がすごい反対しはって。それで、その結婚っていう話、私が同和地区やっていう話が出てから、また同じようにお邪魔したときに、全然態度がちがったんですよ、私への。

彼女は父親が部落外出身で、母親が部落出身である。両親の結婚の際、父方の祖父が結婚に猛烈に反対したので、父親は実家との交際を断った。彼女は、祖父母に一度も会ったことがない。だが、彼にも父親と同じような態度を取ってほしいかといえば、「何が何でも、きっぱり、うちの父親みたいに（親と）縁を切ってくれとは思わない」という。

でも、私も、もともと、そんなにどうしても結婚したいっていうタイプじゃないんでね。嫌がってる人のところに入るんやったら、別に今のままでも楽しいし。わざとそんな辛い方に行ってまで結婚したいという思いはないんで。／私の友人なんかも、すんなり結婚した人もいますしね。反対された場合は、私の運が悪かったんかなみたいな。たまたま、そういう嫌がられる人に出会ったんやなって。

彼女は、今回「たまたま」部落差別する人に当たっただけで、被差別部落を忌避する人ばかりではないことを知っているので、わざわざ、差別的な考えを持つ母親のいる人と結婚する必要はないと考え、恋人と別れた。

幸福・不幸をめぐる議論では、しばしば部落出身者との結婚が不幸であると一方的に定義づけられることが多いのであるが、彼女の場合、むしろ、差別するような人々と親戚関係になることを不幸であると捉え返している。

## 5　反対する親と縁を切る

次のふたつの事例は、差別をおこなう親に失望して、家族から離れた例である。

**【大阪　50代女性　部落外出身　①二〇〇〇年】**

この50代の女性は、10代のころ、家の近所にある被差別部落内の工場で働いていた。そのときに、部落出身の男性と知り合った。彼と結婚したいと父親に相談したところ、父は突然怒りだし、彼女に暴力をふるいながら猛烈に反対した。

この人と一緒になりたいと言ったけどね、父親がガーッと怒り出してね、反対しだしたわけです。／もう父親、今まで私には暴力振るったことないのが、初めてね、殴る蹴るの、ものすごい。／同和地区というだけのことで、ウワアッと腹立てて殴って、もう顔でこぼこだらけでした。

父親のそのような態度を見て、説得は諦めて、すぐに家を出た。そして、彼と結婚した。父親とは連絡を断っていた。その後、長女が生まれ、そのことを報告するために、夫は彼女の父親のもとに赴いたが、父親の態度は冷たかった。そして、彼女の継母が警察を呼び、夫は追い返されてしまった。

子どもができて、「お父さん、（子どもが）できたんですわ」と、一応挨拶に行ったんです。そうするとね、「娘とは関係ない、子どもの（こと）は知らん」というようなこと、何か色々言われてね。それで、今度ね、警察を呼ぶんですわ。警察沙汰なったんですって。それも父親が警察呼んだんじゃなくって、後妻さんが警察を呼んで、お巡りさんが来たんですって。で、「この人、何か知らんけど暴れてる」とかどうのこうの、後妻さんがそういう風に言ったんですわ。

**【大阪　40代女性　部落外出身　①二〇〇〇年】**

この事例は、前章のBさんの事例の続きである。彼女は、恋人から告知を受けたとき、「別に関係ないやん」と考えていた。だが、ふたりの交際を、Bさんの両親は「拒否」した。

私の親のほうは、もうつき合う時点で、あの、最初「どこに住んでるんや」みたいな部分やって、で「〇〇（彼の住所）」みたいなことになって（住所を伝えた）。／私の親が、主人がどこの子やって分かった時点で、部落出身の子やって分かった時点で、（まだ）つき合ってるっていう状態やのに、つき合うことも、やっぱりできたら早いこと別れてほしいみたいなところへんから、何か（反対が）始まってたみたいで。／もともとだから、根本的に反対みたい、だったみたいですわ。つき合うこと自体も、まあ言うてみたら、すごい拒否してた。

両親は反対していたけれども、ふたりは結婚することを決意した。彼がBさんの親に挨拶に赴いたところ、Bさんの親戚が一同に集まっていた。親戚は、彼氏をとり囲んで結婚を延期するように言い続けた。

主人も正式に（結婚したいと）言いにきてくれたんだけど、ものすごいことがあったんですよ。うちの親戚、全部寄って。もう「完全に反対」っていうか、「とりあえず一年待て」みたいな感じで話、延ばされて。それでもやっぱり、反対されてんのは、もう絶対一緒になられへんの分かってたから、もう、家を出ちゃったんですよ。／（親戚が集まっている中で）私は二階のほうに、おばさんに連れて上がらされて。離されて。ほんで、他に下で親戚が何人か集まって、主人も交えて話みたいにして、しばらくまあ、何て言うんですか、表立って主人に「あんた部落の子やから、もう結婚さされへん」とか言うんじゃなくって、とりあえずは一年待って、それぐらいつき合うならつき合って、一年待って、そっから結婚したらどうやみたいな、言われて、（彼は）とりあえずは帰ったんですけど。／（結婚を一年待てと説得する理由として）年が若いっていうのも、反対の理由にひとつあったんでしょうけど、部落差別の根強いとこが残ってる、昔の旧村では残ってたのかなって。今から二三年、二四年ぐらい前ですけどね。「親戚づきあいできない」とかね。親戚のおっちゃんに言われたりとかは、しましたけどね。多分、何人かのおっちゃんはきつく反対してたんちゃうかなと思うんですけどね。「絶対、そんなとこには嫁に行かしたらいかん」みたいなんで、多分あったと思いますわ。

以上、ふたつの「縁を切る」例をみてきた。最初の例では父親が暴力を振るい、あとの例では親戚一同で彼氏を取り囲んで結婚を「延期」するように諭した。

いずれの例でも、自分の親たちに反対された娘は、そこまでする親たちと対話を続けても、理解を得られないと判断して、きっぱりと家を出たのである。

## 6　結婚に反対する理由

ここまでは、親の反対によって交際が破綻してしまった例や、反対がなかった例、親を説得するのを断念した例をあげてきた。これらの例では、反対する親戚がいるとかまだ若すぎるという理由を挙げたり、不幸になると言ったりして結婚に反対していた。中には、理由などなく問答無用で殴りつける例もあった。

結婚の反対は、あの手この手でおこなわれる。しかし、反対理由は無限にあるわけではない。聞き取り調査をつうじて集められた反対の言説は、ある程度、類型化することができる。社会に流通している差別的な言説を援用するため、ある程度の「型」があるのだろう。

その反対言説のパターンを、浪子さんのケースに沿って、整理してみよう。

＊

浪子さんのケースでは、彼女の親から反対理由が次々と繰り出された。最初は、「なんで、あえて差別されるところに、お嫁に行かなあかんのかな」（A-1）、「あなたが嫌な人で結婚を反対しているんじゃなくって、やっぱりそこにある部落っていう問題があるから、結婚は賛成でけへん」（A-9）といったものだった。母親自身の部落への忌避感の表明というよりは、一般的に部落が忌避されているから反対であるという表現である。これを「ステレオタイプによる正当化」とよぼう。それに対して、自分自身の忌避感をもとに反対するものを「明示的忌避」と名づけたい。

浪子さんの母親は、部落問題以外の方向からもアプローチする。「『あえて、そんな人と結婚しなくても人生は長いし、この人でなければいけないっていうことはない、あとからいろんな人にめぐりあえて、もっともっとすてきな人が出てくるかもしれないし、そんなに急いでね、相手を決めることはないん違うの』って。『人生はもっともっと、いろんな人に巡り会うよ』」（A-3）と、「よりよい結婚の可能性」を示して、栄さんとの結婚に反対する。しかし、すでに結婚を決意しているカップルに対して、あまり有効な反対方法とはいえない。

親の反対のうち、浪子さんが最も「それ言われたら、すごくきついかな」（A-5）と思ったのは、栄さんとの結婚が浪子さんのいとこの結婚にひびくと言われたことである。母は次のように言った。「自分たちは年老いていくからね、自分たちは別に差別されてもいいよって。だけど親戚の人たちや、いとこたちが結婚するときにね、『あなたが部落の人と結婚したっていうことで、いや、こういうとこにはお嫁に行かせませんとかね、結婚できませんとかね、その人が結婚差別を受けたらどうするの』って、『あんた、どうやって、そういうこと言われたら責任とるの』」（A-5）。

母親のこの論理は、やや複雑である。いとこや親戚が反対するかもしれないというにとどまらず、浪子さんのいとこの結婚相手が、浪子さんのいとこを差別するかもしれないというのである。浪子さんの若いいとこが将来結婚するかもしれない相手は、まだ現れていない。すなわち、ここで忌避する主体とされている人は、「不特定多数」の抽象的な人物である。

一見すると「親戚の忌避の予期」をしているようにみえるが、現地点においては、この先、親戚になるかもしれない架空の人物を想定しているという意味では、より広範囲にわたる「世間の忌避の予期」を持ち出して、反対をしているといえる［齋藤 2010］。

以上、浪子さんの事例から、反対の論理を整理した。一覧にすると、反対の言説は、以下のようにまとめることができる。

「明示的忌避」
「ステレオタイプによる正当化」
「よりよい結婚の可能性」
「親戚の忌避の予期」
「世間の忌避の予期」

また、浪子さんの事例にはみられなかったが、80年代のルポルタージュなどでは、「八卦見」などの占いや神託などで、この縁談はやめるべきと出たという反対方法もみられる［宮津 1993］。親の反対理由について整理ができたところで、それぞれの反対方法に関する事例をみていこう。

•「明示的忌避」

「明示的忌避」は、露骨な差別発言をおこなったり、部落への忌避感をあらわにして、結婚に反対する方法である。同和教育や市民啓発がすすむ中、差別的な言辞を使ってはいけないという認識は広まり、このようなタイプの反対方法も、若い世代ではあまりみられなくなったと考えられてきた。ただ、教育・啓発によって、差別的な考えをなくしていった人もいる一方で、ホンネとタテマエを使いわけ、口に出しさえしなければよいという受け止めにとどまった人もいた［江嶋 1985］。

だが、二〇〇二年の法期限切れから一〇年以上が経過したこととも関係して、近年、結婚差別問題の場面で、明示的な忌避が再び顕れている可能性もある[*1]［齋藤 2016］。

この例は同和対策事業特別措置法の時代以前の古い例である。

**【大阪　60代女性　部落出身　①二〇〇〇年】**

彼女は22歳のときに、中国地方出身の男性と大阪で出会い、結婚を約束した。結納をかわすために、男性の父親が、彼女の自宅を訪れた。そのとき、男性の父親は「被差別部落を非常に嫌う」発言をした。

まあ、広島の人とね、恋愛しましたけども。すごく、その「エタ」っていうんですか、嫌われましてね。[*2]［筆者：露骨に言われた？］ええ、露骨に。うちに貰いにきてて、言いはるんですね、むこうのお父さんが。［筆者：それは、今日結納というか、挨拶に来るっていう日に言われたんですか？］うんうん。ショックでしたよ、すごく。／やっぱりその「エタ、エタ」と言われる、お父さんが露骨に、うち来て言わはるからね。「あの人種は、どうのこうの」って。まったくむこうは、部落っていうのを非常に嫌いましたからね。／［筆者：向こうのお父さんは、どういうつもりで言ったんでしょうか？］分かりませんけどね。「あの連中は」って、こうきたんですよね。「人間ではない」とか何とか言ってね。もうそれは、すごい差別をされましたね。[*3]

相手の父親の発言は、彼女の出身を知っていて発せられたものなのか、それとも一般論として部落出身者との結婚は避けたいという話だったのか判断がつきかねたため、その場では抗議はしなかった。いずれにせよ、このような差別発言を平然とおこなう人々のもとへ孫を「嫁がせる」わけにはいかないと、彼女の祖父から縁談の断りを入れた。

うちのおじいちゃんがね、（相手方は、彼女が部落出身かどうか）知ってるんか知らないかしらんけどね、そういう縁談のとこ（結納の場）に来てね、そういうこと言うね、露骨に言うような人間のとこへね、もし（嫁に）やったらね、お前が不幸になるから諦めてくれってもう、泣く泣く引き裂かれてしまって。

相手の父親は、結納の場では彼女を名指しして差別しているわけではない。しかし結納の日までに、男性の父親は身元調べをしており、結婚を破談に追い込む意図を持った上での発言であったと思われる。相手の父親の差別発言が破談の原因なのだが、形式としては彼女の祖父から断ったことになった。

•「ステレオタイプによる正当化」

部落に対する伝統的なステレオタイプには、さまざまなものがある。すでに第1章で述べたとおり、部落を忌避する理由は、歴史的に積み重なっている。代表的なものは、同和対策以前の「実態的差別」

を反映した「貧しい」「暗い」「きたない」といったイメージである。また、「こわい」「あらあらしい」「集団で攻めてくる」という一連のイメージがある。[*4] このイメージは、暴力的な部落の側に差別される原因があるのだから、彼らは差別されても仕方がないという、加害者の責任の解除をともなう。いわゆる「犠牲者非難」（Victim-Blaming）である。[*5]

これらのステレオタイプを用いることによって、結婚の反対を正当化しようとする試みを「ステレオタイプによる正当化」と名づけた。つまり、「被差別部落の人々に忌避される理由がある」とみなすことによって、忌避を正当化する言説である。ふたつの事例を紹介する。

**【大阪　20代女性　部落出身　①二〇〇〇年】**

この女性には、部落外出身の恋人がいた。恋人の親は、彼女との結婚に反対したが、彼は実家との交際を断って、結婚することを選んだ。

その後、二人目の子どもの妊娠を機に、夫の両親から「かわいそうやから、入れ」と言われ、同居をはじめた。しかし同居後も、夫の両親は部落への忌避感をあらわにした。

夫の父親が被差別部落を忌避するようになった理由について、彼女は以下のように聞いている。

　昔、部落の人と野球していて、自分が差別発言なんかしたみたいなんです。それで、ひどい目にあったみたいなんですよ。そんなの、自分が部落差別発言するから、そんな目に遭うのに、逆に、自分は正しいって、正当化して。相手が悪いんやって。

夫の父親は、自分の差別発言がきっかけで、あるひとりの部落出身者との間でトラブルになったのだが、そのひとつの経験をもって、もとはといえば自分が悪いにもかかわらず、部落全体を避けるべき集団であると正当化している。

【四国　30代女性　部落外出身　③二〇一一年】

Yさんが高校生のときにつき合った同級生は、部落出身であった。彼女の親は、彼の身元を調べていたらしく、ふたりの交際に強く反対した。

高校二年ぐらいのときからつき合いよったんですけど、とにかく、別れろと。／[筆者：それは部落やからっていうことなんですか？]そう。[筆者：相手が気に入らないとかじゃなくて、もう部落]そう、うん。[筆者：お父さんは、結構、部落問題の偏見を持ってた人なんですね？]お母さんが亡くなってから、後から入ってきた後妻がおるんですけど、その人は偏見をガチガチに持っとって、で、うちのお父さんっていったら、まあ言ってくるじゃないですか？「あそこは危ない」とか。父親が「あそこは危ないし、何かあったらようけたくさんで来る」とか？

父は、偏見をあらためる態度をみせることもあったが、義母は「結局、うちが何言ったってダメで」あった。Yさんの彼氏がどういう人であるかといったことは関係なしに、部落は危ないから避けて当然だというのである。

•「よりよい結婚の可能性」

「まだ若いのだから結婚は早い」「もっといい人がいる」「焦ってはいけない」と、遠回しにその結婚を反対するのが「よりよい結婚の可能性」である。

部落問題と直接は関係がない反対のようにみえるが、浪子さんの例でも、「あえてそんな人と結婚しなくても」（A-3）と母親が言ったように、部落出身者との結婚が他の結婚よりも低位にあるという認識がその背後に見え隠れしている。第5節のBさんの例でも、親戚一同に取り囲まれて、結婚を「一年待て」といわれたが、Bさんはそれは部落差別であり、結婚を断念させるための口実であると見抜いている。

次の例でも、「よりよい結婚の可能性」を示唆しながらも、同時にはっきりと部落への忌避が示されている。わざわざ好き好んで部落出身者と結婚しなくとも、もっとよい条件の人がいるだろうというのである。

【九州　30代男性　部落出身　③二〇一一年】

Dさんは、部落の中にある隣保館でアルバイトをしていたときに、同じくアルバイトをしていた女性と出会った。彼女は、親に結婚したい人がいることと、その人が部落出身であることを伝えた。

彼女の方が両親に「こうやって結婚したい人がいる」、「どこの人ね?」、「Tの人、部落の人」って言ったら「絶対だめ」って。「なんで、そげん好きこのんで部落の人と結婚せないかんと?」みたいな感じで。で、僕に伝えるの、たぶんとっても、きつかったと思うんですよね。「こんな風に言われた」って（自分の親が言っていたことを、彼に伝えた）。でも伝えてくれて。／僕は「まぁ、それあるやろな」と思ってたんで、ショックやったけども、そのショックは表に出さないように、極力冷静な感じでしてたけども、やっぱり妻の方はきつかったと思いますね。

知人に相談などをしながら、彼女は何度も説得を試みた。だが、彼女が両親に「『会って』って言っても、『いや会わない』っていうところで全然、完全に拒否」され、彼は面会することさえできなかった。

- 「親戚の忌避の予期」／「世間の忌避の予期」

「親戚の忌避の予期」／「世間の忌避の予期」は、結婚差別をめぐる問題のなかで、もっとも重要なトピックである。この反対方法こそが、結婚差別という事象の本質を示している。第7章では、反対していた親が容認に転じるときに付与する「条件」について述べるが、それらもまた親戚や世間を強く意識したものである。

「親戚の忌避の予期」には、バリエーションがある。親戚や世間から非難されることを懸念して部落出身者との結婚に反対する場合もあれば、「とりあえず一年待て」と言われたBさんの例のように、親戚が実際に反対するような例もある。

また、「親戚の忌避の予期」は、親戚という具体的な存在を想定するものであるが、「世間の忌避の予期」は、忌避する主体が不特定多数の場合である。また、浪子さんや良平さんの例のように、将来、親戚になるかもしれない人という、親戚と世間の中間的な存在が持ち出されることもある。

**【大阪　40代男性　部落外出身　①二〇〇〇年】**

Eさんは部落外出身者であるが、長年、部落解放運動に携わってきた。部落出身者である妻とは、運動を通じて出会った。

彼の両親は、彼が運動に関わっている以上は、部落出身者との結婚の話が出てくることを予期していた。「言うてましたね。いよいよ来たって」。最初は、両親は「やめてくれ」と必死になっていた。それでもEさんは辛抱強く両親を説得した。父親からは殴られたこともあった。しかし、最終的には「縁切ってでも（結婚を）するという感じで、最終的には、お父さんが折れた」。両親の反対の理由は以下のようなものであった。

結婚差別というのは、こういう言い方するでしょ？　必ずね。「わしは、差別する気はない」。で、何が引っかかっているかというとね、親戚との立場が、つき合いがなくなるという恐怖感。だから、自分としては結婚式もちゃんとするし、反対と違うって。だけど、止めてほしい。どうしてかというと、きょうだいなんですよね、自分の。きょうだいとの。長男やからね。だから、昔の長男ていうのは、やるべきことというのがあって、きょうだいをまとめていかなあかんというのがあるわけですよね。そういうのが強くて。だから、きょうだいが離れていく、そういうの（恐怖感）が強かった。その一点。だから、親子関係でどうのこうのというのはない。［質問者：じゃ、結婚式は？］だから、知らさなかった。両親だけです、来たのは。それで、誰かの法事のときに、その時、初めて紹介された。まあ、それまでに聞き漏れますわね。それで親戚の人が「まあ、そんなん気にせんでもいいやんか」ていうのあったんでしょうね。その話があって、法事の時に紹介されて、だから、もっとはよ、紹介してあげれば良かったたって言ってますけど。

父親は、親戚、つまり自分のきょうだいとのつき合いがなくなり、きょうだいがばらばらになることを極度に心配していた。しかし、結果的には、親戚は反対をしなかった。父親は「親戚の忌避の予期」を用いて反対したが、親戚の反対は懸念にすぎなかった。

【大阪　30代女性　部落外出身　①二〇〇〇年】

部落外出身のFさんは、高校時代に部落問題に取り組む部活動に参加していた。卒業後、部落解放運動にたずさわっている部落出身の男性と知り合った。彼女の父親は、部落出身者との交際はいいけれども結婚だけはしないようにと、娘に繰り返し言っていた。

つき合ってる子がいるということと、ムラの子（部落出身者）や、ということを（父親に）ちらいってたんですよ。その度に、結婚はあかんで、ということを返されて、ずっとそういう状態が続いててて。父からは、友達やったら、かまへんっていわれるんですよね。

彼女の父親は、部落出身者との結婚に反対する理由について、以下のように述べた。

そのこと（高校時代に部落解放研究会の活動をしていたことなど）は認めたいって言ってくれてるんだけど、でも、結婚って考えたときに、親戚もいるやろって。［質問者：やっぱり、親戚ですか？］うん。お前が苦労するんと違うかな、って、いうこととかも言うんですよね。だから、私が差別される側に入るっていう。たぶん、パニックになってたと思うんですよね。父も自分の親戚の顔とかいっぱい浮かんでたんだと思うし。

結果的に、父親は結婚を容認したのであるが、父親の再婚相手である義理の母は、その後も結婚に反対していた。彼女にとって彼女は本当の母親同然であり、どうしても理解してもらいたい人物であった。だが母親は、ぽろっと「あんたがムラの人と結婚することで、下の子らがどうなるかわからへん」と一言こぼした。

父親は、部落出身者と結婚することで、結婚した娘も差別されるようになると言い、さらに義母は彼女の妹たちまでもが差別されると反対する。つまり、娘や下の子どもたちが、誰かに差別されるかもしれないという「世間の忌避の予期」に基づいて、娘の結婚に反対したのである。

ところで、「親戚の忌避の予期」・「世間の忌避の予期」は、非常に巧妙な反対の仕方である。これらの反対方法では、部落差別をしているのは親戚や世間であり、親ではない。親は、自分は「差別する気はない」―「認めたい」けれども、親戚や世間に屈する、ある種の被害者なのだという表現である。自分たちが部落を忌避しているかどうかは、明言されていない。そのため、反対する親が部落を否定的に解釈しているのかどうかは、隠蔽されてしまう。

## 7 親子仲は強まっているのか

以上、「親の反対」の段階について、さまざまな事例をあげながら整理してきた。

冒頭でも述べたとおり、日本国憲法第24条では、「婚姻は、両性の合意にのみ基づいて成立し、夫婦が同等の権利を有することを基本として、相互の協力により、維持されなければならない」と明記している。カップルにその意思さえあれば、親の意向に関わらず結婚できるはずなのだ。

にもかかわらず、浪子さんの例のように、結婚には親の容認が必要だと考える人は少なくないだろう。しかしなぜ、親の「容認」を得なければならないのだろうか。

その理由については、日本における「家制度」の名残があるからだと考えられてきた。戦前の民法における戸主の権利は、戦後に法が新しくなっても規範として残り、親や親戚が子どもの結婚に介入するのは当然だと考える人が、存在し続けるのだと考えられてきた。

第6章で述べるように、反対する親の説得は難しい。親は、「祝福」を定義する有利な立場にあり、さらに結婚後の「カネ」と「ケア」という強力な切り札を持っている。このように、子どもを縛るのは、家制度の規範だけとは限らない。

また、子どもが親の言うことをはねつけることができないのは、親子関係の良さに由来する可能性もある。米村千代は、「家」をめぐる社会学的研究の再検討をおこなう中で、「現代において『家』の継承の葛藤を抱える人には、単に『家』と個人意識との狭間で悩むというより、そこに、親や祖父母に対する愛情が介在している場合が少なくない」と指摘している［米村 2014］。

米村の指摘は、結婚差別問題における親の問題にも適用できるだろう。つまり、結婚において親の容認を得ようとするのは、「家」の総意あるいは家のリーダーたる祖父や父などに従うということよりも、今まで愛情いっぱいに育ててくれた家族と仲違いはしたくないということなのかもしれない。親の影響力は、「家制度」的規範の問題にとどまらないのだ。

法律にてらしていえば、結婚について考えるとき、親の容認を考慮する必要はないのだけれども、日本の現状では親の影響力は大きく、むしろ、その点を抜きにして結婚差別問題を考えることはできないのだ。この点については、第8章で、改めて考察する。

注

＊1　ごく最近の「明示的忌避」の例は、筆者がインタビューを構成した記事「二度の結婚差別」〔部落解放・人権研究所 2017〕に挙げられている。

＊2　前近代の身分呼称を用いた差別表現である。ここでは、聞き取りで使用されたこの表現をそのまま記載している。

＊3　部落の起源を「人種の違い」であるとする、いわゆる「人種起源説」にもとづく発言であると思われるが、これは学術的には否定されている〔黒川 2016〕。

＊4　同和問題に関する市民意識調査では、しばしば同和地区に対するイメージについてたずねるものがある。例えば、大阪府の調査では、「働きもの-なまけもの」「貧しい-豊かな」「上品な-下品な」「あらあらしい-おとなしい」「進んでいる-おくれている」「閉鎖的-開放的」「明るい-くらい」「おとった-すぐれた」「やさしい-こわい」「冷淡な-親切な」「清潔な-不潔な」「でたらめな-まじめな」、ほかには二〇〇〇年の「新

しい-古い」「強い-弱い」「団結した-ばらばらな」などのイメージについて、どちらに近いか聞いている［大阪府 1980, 1985, 1990］。これらのワードは、一般的に被差別部落に付与されているイメージを反映したものである［時岡 2008］。

＊5　八木晃介は、被差別部落出身者への犠牲者非難の論理を、「被差別者への差別の責任転嫁」論と名付けている［八木 1994］

# 第6章　カップルによる親の説得

## 1　強い反対にどう対抗していくのか

前章では、親の反対についてみてきた。親の反対は、非常に巧妙であり、真正面から答えるのが難しい。なぜなら、親一人ひとりが独自に編み出した反対言説なのではなく、長年にわたって広く流布してきた差別的な言説の力を借りているからである。とりわけ、「親戚の忌避の予期」・「世間の忌避の予期」は反論が困難なのだが、それがなぜなのかについては、第8章で改めて分析する。

この章では、親の反対に対するカップルの説得について考える。第5章で論じた親の反対と、この章で扱うカップルの説得、そして次章の条件付与は、時系列的に生起するわけではない。反対と説得と条件付与は、いきつもどりつしながら、結婚の合意を形成するか、あるいは決裂に終わるのである。

まずは、浪子さんの例をもとに、カップルの説得の仕方について整理をしてみよう。

浪子さんの母親は、他にいい人がいるとか、いとこに迷惑がかかるとか、次々に新しい反対を繰り出してきた。しかし、浪子さんは栄さんとの結婚を諦めるつもりはなかった。毎晩、帰宅すると親子で泣きながら言い争った。

毎日がそんな感じで、毎日、目腫らして職場に行く。で、帰りに今の主人に会って、「親にこんなふうに言われたんや、今日もこういうふうに言われたんや」っていうことで、ふたりで会って、でもやっぱり頑張って行こうよいう話をふたりでしますよね。(A-7)

疲れ切った浪子さんをみかねて、栄さんの母親は、両親の説得をあきらめて「身体ひとつで来てください」と提案した。けれども、浪子さんは親を説得したかった。

私の中にはやっぱり、せめて自分の両親だけでも祝福してね、結婚したいんで、できる限り説得して、で、だめだったら、もしかしたら家を出るかもしれないけど、もう少し待ってほしいんですっていうことで…。(A-6)

栄さんは、浪子さんだけが親と争って辛い思いをしているのを、見ていられなかった。栄さんは、浪子さんの母親に直接会って、話し合う機会を得た。

そのときに、「まあ、見てね、人柄はすごくいいいと思う」って。「だけど、結婚は賛成できない」

って、「あなたが嫌な人で結婚を反対しているんじゃなくって、やっぱりそこにある部落っていう問題があるから、結婚は賛成でけへん」っていうようなこと、言われてんけども、まあ、うちの主人もやっぱり部落解放運動やってるから、いろんな思い持ってるんで、一所懸命うちの親を説得してくれたんですよ。（A-9）

母親は、ふたりの気持ちの強さをみて、別れさせることをあきらめ、結婚の容認に転じた。さらに、父親の説得役も引き受けてくれた。

毎日そうやって話する中で「気持ちが変われへんのやなあ」っていうことと、相手の、今の主人のことが（を）、いろいろ話する中でね、いい人やねっていうことが解ってきたっていうのが。そんな詳しくね、どうして賛成してくれたんかななんて、あんまり聞いたことはなかったんですけど、一番最後は一番の協力者になって父親を説得してくれたりとかを母がしてくれたんで、そういう部分では、やっぱり自分の子どもがかわいかったんかなって。だから、最後ってやっぱり親って弱いかなと思うんですけど。強固に絶対結婚するみたいな話になったら、最後はそうなる（容認する）のかなみたいな感じで、で、やっと折れてくれたんで。（A-11）

浪子さんたちは、母親の繰り出す反対を一つひとつ論破していったわけではない。毎日毎日、泣きながら堂々巡りの喧嘩を続けた。親が心を打たれたのは、実はそこだった。絶対にあきらめないふたりの「熱意」や、栄さんの「人柄」が、少しずつ母親の認識を変えていったのだ。

＊

「反対」の段階では、浪子さん母娘は、毎日のように泣きながら口論を続けていた。このように、説得はそう簡単なことではない。親子だからこそ、自分の気持ちをストレートにぶつけるだろうし、自分の気持ちを理解してもらえないことに対して感情的にもなるだろう。感情的になった親に、暴力を振るわれた人もいる。第5章第6節で紹介したEさんである。

**【大阪　40代男性　部落外出身　①二〇〇〇年】**

Eさんは、部落外出身だったが、高校時代から部落解放運動に携わってきた。運動を通じて部落出身の女性と出会った。彼の両親は、結婚は「やめてくれ」と必死になっていた。父親は、「わしは、差別する気はない」が、親戚との「つき合いがなくなるという恐怖感」から結婚に反対した。説得の最中、Eさんは父親と「殴り合いになりかけた」という。

殴り合いになりかけてんなあ。向こうは殴ってんけど、こっちは、もうもう…（手は出さずに我慢した)。(父親は) やめてくれ言うて、頼み込んで、必死ですわね。そんな感じ。

Eさんはかろうじて暴力で反撃せずにとどまった。親の反対と子の説得は、熾烈である。それでも説得する側はあきらめずに、様々な方法を用いて親の説得にあたっていく。

## 2 熱意

浪子さんの例をよく見ると、浪子さんと栄さんは、なんらかの決定的な言葉で母親を説得したわけではないことがわかる。差別したことを反省させたわけでもない。ただひたすら粘り強く説得を続け、「気持ちが変われへんのやなあ」と思わせたことが、決め手になっている。

このように、結婚をすると決めたふたりの「熱意」によって、親の態度変容がおこったケースを三例みていこう。

### 【九州 30代男性 部落出身 ③二〇一一年】

Dさんは部落出身の男性である。Dさんの恋人は、親から「なんで、そげん好き好んで部落の人と結婚せないかん?」と、結婚に反対されていた。娘が両親に、Dさんに「『会って』って言っても、『いや会わない』っていうところで全然、完全に拒否」され、Dさんは彼女の親に面会することさえできなかった。

最終的には、妻がずっと話をしていて、妻の両親の方も「あんたが好きになった人ならいいんじゃない?」みたいなところで、最後は納得してもらえたみたいですけど。／（もっとも反対していた）祖母の方も「あんたが幸せになるならいいよ」みたいなとこで納得はしてもらったみたいです。それ以外の親戚とかには、たぶん伝えてないんじゃないかなと思いますね。

反対する家族と「ずっと話を」続けて、最終的に彼女の親や祖母は「好きになった人」と「幸せになるなら」ば、結婚してもよいと考えるようになった。現在は、「結婚差別のときのことが嘘みたいなかんじで（笑）、普通にいってますし、両親とも話しますし、祖母とも話します」と、良好な関係になっている。

彼は、自分たちの例は、さほど厳しい結婚差別ではなかったと考えている。

とっても悪質なのって、あるじゃないですか。結婚差別によって。それこそ、「解放新聞」に載るような。そこまで行けば、たぶん（部落解放運動団体の支部に）言ってたと思うんですよ。「あからさまな差別や」みたいな。あからさまな差別なんですけど（笑）。でもレベルが違うというか。まだ話し合いでなんとかなるんじゃないかなというところがあって。最終的に自分たちの中で決めてたのが、「なんがあろうと一緒になる」て（いうことだった）。

Dさんは、自分たちは幸い「話し合い」で家族を説得できたが、説得不可能なもっと「悪質な」結婚差別もあると考えている。

次の例は、語り手の友人のケースである。

**【近畿　20代男性　部落出身　③二〇一一年】**

この男性は、しばしば、友人たちの結婚差別をみてきた。

結婚差別とかも多かったですよ、ムラの子じゃない子と結婚する子とかは、（年が）下のやつで。／向こうの親の親（祖父母）に言われたって言うてた。「うるさいわ、あのおじい」とか言うてたもん。

その年下の友人は、周囲の仲間にアドバイスをもらいながら説得を続けた。相手の親には、丁寧な態度で接するように努めた。そして、部落出身だからといって何か問題があるわけではないこと、子どもをきちんと育て、親にも迷惑をかけることはないことを保証して、親を説得した。

「部落で何が悪いねん」みたいのがあったんですよ、俺のどっかで。だから、別に隠す必要ないし、言ったらいいやんって、だから下の（世代の）子が結婚するときも、「今度、親のとこ行くねんっていって、向こうのおじいがうるさいみたいやねん、部落のこと言われたらどうしようかな」とか言ってて、「そんなの言い返したれよ」って、「机ひっくり返してやったらいいよ」って言ってて、で、「分かったわ」って言ってて。そんで（実際に相手の家に）行って、そしたら案の定、言われたみたいですわ、「そこは、S（部落名）いったら…」みたいな雰囲気で、「部落ですよ、なんかありますか？」っていって、ちゃんと丁寧に言い返しといたって言って。「自分の生まれてくる子とかも自分責任もってみるし」って、「別に親に不自由なことさせる気はない」っていって、「そこまで言ってくれるんやったら分かった」って言ってくれたって。

3つめの例は、第4章第2節で紹介した、インターネットによって彼の出身が明らかになったZさんの経験の続きである。

**【近畿　20代女性　部落外出身　⑤二〇一四年】**

結婚が決まったときに、Zさんの父親は、娘の恋人に「釣書」を提出させた。その内容をもとに、彼の住所をインターネットで検索したことをきっかけに、彼が部落出身であることがわかった。

彼女の父親は、仕事では同和問題に熱心な人だった。まさか、その父親から反対されるとは思わなかったが、娘の結婚となると話は別だといった。数ヵ月、親子の間で口論が続いたが、彼女が意を決して、彼の地元で一人暮らしをはじめた。その後、父親から連絡があり、もう一度話し合うことになった。

大げんかっていうかもう、（父親と）喧嘩したら話がすすまないかなっていうかんじで、冷静に（笑）。

――ああ。そのときに伺いったんですか、お父さんに対して。

そうですね。まず、「この人しかいないと思うから」って、「これで結婚しなかったら、これ以上の人には、私自身、この人以上の人はいない」かなっていうっていうのと、「どうしてもダメっていうんなら、家族から抜いてくれてもいい」、（父親が部落出身者と結婚すると差別と貧困で暮らしが）しんどいんだっていうから、「そんなしんどくても、ひとりで、主人もいるし、やっていくから、もう抜いてくれていいから、私は家族から」、そんな感じですかね。

――お父さん、それ…。

そうですね、そこまで、それで多分仕方ないかなって（父親は思った）。もう自分がどんなに反対しても無理だなと思ったんだと思います、結局。

――好きになったら仕方がないっていいのは、お父さん、無理矢理、人の気持ちは裂けないっていうところはあったんですね。

そこまでやったらもう無理だと思った、あきらめた感じで、母は最初から、うん、幸せになるんなら、って話てたけど。そういわれて、最初のほうは、（あきらめたと）そう言ってたんですけど、だんだん日が経つにつれ、自分の気持ちがよみがえってきて、父も。やっぱり嫌だったたっていう（笑）。そこはやっぱり、うん。

――やっぱり、あれなんですかね、毅然とした、縁切るなら切ればいいっていうぐらい、やっぱ強い気持ちでいくっていうのはすごい大切。

そう、ですね。たぶん。親不孝だと思ったんですけど、私も。うん。

Zさんは、父親との話し合いに臨むとき、「この人しかいない」「この人以上の人はいない」「家族から抜いてくれてもいい」と強い決意を持っていた。そして、いままで親のいうことに従ってきた娘のそのような態度をみて、父親はついに「あきらめた」。

また、Zさんには強い味方がいた。父親は、Zさんが部落出身者と結婚することで、妹の結婚にさしさわるといって反対した。しかし、妹は、部落差別をするような人とは結婚しないといって、姉を勇気づけた。妹の協力が、姉の決意を支えた。

## 3　人柄

次に「人柄」による説得である。一般的に、人柄のよさは、結婚相手に求められる基本的な条件であるが、このような結婚相手としてのふさわしさをアピールするのが、「人柄」戦略である。
また、この戦略は、恋人を部落出身者だというカテゴリーだけで判断してほしくないというメッセージを含んでいる。カテゴリーに基づいて反対するのではなく、そのひと自身の人柄をみて、結婚に反対するかどうかを決めてほしいという要求である。

**【大阪　30代女性　部落外出身　①二〇〇〇年】**

Fさんは、父親に部落出身者との交際はいいが「結婚はあかんで」と言われ続けていた。義母からは、「下の子がどうなるかわからへん」と反対された。Fさんは、結婚の意志を固めたとき、父親を居酒屋に誘い出し説得を試みた。

結婚って、「ほんまにしたいな」ってなったときに、私は「まず、父やな」って。「父と話をせなあかん」と思って。で、父を外へ連れ出して、一緒に飲みに行ったんかな、そういうふうにして、ちゃんと話を聞いて欲しいな、ということで。もちろん、ま、結婚したい、ということと、彼のことをずっと話したんですよね。「こういうとこに住んでて」、「私をものすごく支えてくれる人で、わたしはこの人とやったら、一緒にやっていけるねん」って。「だから人を見て欲しい」ということを父に話したんですよ。そしたら、父が泣き出したんですよ。ぼろぼろぼろぼろ、泣いてしまって。しばらく泣いてから、「どうしていいか、わからへん」って。

Fさんは父親に対し、彼の出身にこだわるのではなく、恋人が自分にとって「ものすごく支えてくれる人」で「一緒にやっていける」重要なパートナーであることを理解してほしいと、相手の「人柄」とふたりの信頼関係を強調し、結婚の容認を求めている。

このような「人柄」をアピールする方法は、親を説得する場面だけでなく、例えば次の例のように、交際相手に部落出身であることをうちあける場面でも用いられる。

**【大阪　20代男性　部落出身　①二〇〇〇年】**

Vさんは、友人のうちあけに同席したことがある。Vさんたちは、友人の恋人に対して、部落問題について説明し、彼らがその出身であることを話した。そして、部落問題を理解してほしいこと、出身を理由に交際をやめないでほしいことを伝えた。

その友だちが、その彼女を連れてきて、ファミリーレストランで、「俺らはこんな人間や（部落出身である）」っていう話をね、して説得したことはありますけどね。／まあ、その理解はしてもらえたと思うんですけどね。まあ理解させた部分もありますし、納得させたっていう部分もあるんですよ。「こいつはこんないい奴で、こんなとこに住んでると周りに言われてるけど、まあ俺らもせやけど、こいつの事は解っちゃってよ」みたいな。その本人が言うよりも、周りが説明した方が、わかりやすいみたいですよね、第三者がやっぱり…。

人柄を強調することは、カテゴリーとして部落を捉えられてしまうことに対抗する手段であるとVさんは考えている。

人柄のアピールは、恋愛や結婚において、一般的にもよく使われる。「いい人だから、会ってみない？」「彼氏、いい人だね！」と、交際を勧めたり、相手を肯定するときの常套句である。しかし、結婚差別の問題があるとき、「人柄」をアピールすることは、また別の意味をもつ。

その人自身をみてほしいというメッセージは、部落というカテゴリーは無視するか、ひとまず考えないでほしいということも同時に主張することになる。部落については考えないでほしいと主張することで、部落は否定的なカテゴリーであることを、説得する側も認めてしまうことになる。「人柄」をアピールする戦略は、差別に対抗していくという観点からは、危うい戦略であるということも、忘れてはならないだろう。この点については、第8章で再度考える。

## 4 既成事実をつくる

結婚の容認が得られないとき、先に結婚生活の実態を作ってしまう作戦がありうる。いわゆる、既成事実というものである。例えば、意図的に妊娠先行型の結婚をめざしたり、同棲をはじめたり、親を説得する前に婚姻届を出したりすることである。これらの既成事実をもとに、結婚を容認させる。

浪子さんの場合、親との連日の争いに疲弊する浪子さんを慮って、栄さんの母が「からだひとつで」来てくださいと提案してくれた。浪子さんは、説得がうまくいかなかったときの最終手段として、この既成事実戦略をとろうと思っていた。必ずしも、既成事実戦略を否定していたわけではなかった。

先述の、父親が職場では同和問題に熱心であったのに、娘の結婚には反対したというZさんの例では、Zさんは彼の地元に部屋を借りて「既成事実」をつくった。それに慌てた父親が話し合いをもちかけ、結婚を容認せざるをえなくなった。

次の例は、前述のVさんの兄弟の話である。兄カップルに子どもができて、それをきっかけに彼女が「家出」をして、結果として相手の親が結婚を容認した。

**【大阪　20代男性　部落出身　①二〇〇〇年】**

（兄夫婦は）形的には「できちゃった結婚」なんですよ。だから実際、そういうのでなくつき合ってれば、ま、下手したら破談というか別れてたと思うんですけどね、うちの兄貴のとこも。ただそういう、順番は違うんですけど、既成事実を作ったっていうか。でまあ、兄貴の嫁さんも兄貴のことを思ってくれてたっていうのもあって、半分家出じゃないけど、家出て。当分うちで、うちに通ってきてたりとかしてたんで、それでまあ、子どもができたんでっていうことで、まあ向こうの親も、「しゃあないな」みたいな感じで一緒になったみたいですけどね。

しかし、既成事実戦略は、常に成功するとは限らない。第4章で述べたように、妊娠しても中絶を強要する親もいるからである。

また、次の事例のように、子どもが生まれた後、結婚に反対する親のもとに赴いたけれども、関係を修復できずに、家族としての交際は「切れた」というケースもある。

**【大阪　50代女性　部落出身　①二〇〇〇年】**

この事例は、語り手の50代女性の娘夫婦の話である。娘は、交際相手の親から結婚を反対された。娘の恋人は家を出て、娘の実家で暮らしはじめた。やがて、娘夫婦に子どもが生まれたので、「婿」の親にも報告しなさいと提案した。報告をきっかけにして、親との関係が修復されることを願っていた。

だから、婿に言ったんですよ、子どもができた時に、生まれた時に。「あのね、むこうのお父さんとお母さんに、男の子が生まれたからってだけ、報告しとき」って言うたんですけどね。婿が「お母ちゃん、もういい」って言うたんですよ。「でも、あなたの初めての子どもなんや。やっぱり両親には報告したいやろ」って言うたら、「それはあるけど」（と返答した）。「報告しとき。別に折れて（容認して、孫の顔を見に）来てくれとか、そういうのも思ってないから」って、婿には言うたんですよ。ほんとは（相手の親にも）来てほしいと思ってるんですよ。「思ってないから、やっぱりあなたの子どもやから、嬉しいから、その気持ちだけはお父さんとお母さんに電話で伝えとき」って言うたんです。「電話していいんですか」って言うんですよ。「当たり前やんか、あんたの親やないの。なんであったって、あんたの親なんやから、言うといで」って言うた。電話かけて報告したけど、（相手の反応は）悪かったみたいです。「あ、そう」って感じで。「別に見たくない」って言われたんですって。それでもう完全に切れたんです。そやからもう、娘も一生連れてきてくれなくてもいいって。

結婚差別の相談事例や手記などでは、孫かわいさに結婚を容認するケースが多いのだが、その一方で、中には、孫の存在さえ認めなかったり忌避するケースも希にある。孫の存在を切り捨ててしまう人もいるのだ。したがって、孫ができたからといって、必ずしも結婚差別問題が円満に解決するわけではない。

## 5 「縁切り」をする・ほのめかす

親子の「縁を切る」、つまり連絡や関わりを一切断つという手段は、反対する親の側も使うが、カップルの側も戦略として用いることがある。親から子への縁切りは、「勘当」という言葉があるように、跡継ぎとして認めないという意味がある。そのような家制度的な用法ではなく、長年培ってきた親子の関係性が壊れてもよいのかといった、親子の愛を盾にした駆け引きをするときにも使われる。そして、そのような駆け引きは、カップルの側から仕掛けられることもある。
「縁切り」や「勘当」を用いた説得の例をみてみよう。

【四国　30代女性　部落外出身　③二〇一一年】

Yさんは、高校生のとき、部落出身の同級生とつき合いはじめた。父親と義母は、「とにかく、別れろ」「あそこは危ないし、何かあったら、ようけたくさんで来る」といって、彼女たちを別れさせようとした。Yさんは、彼氏の実家に身を寄せて、学校にもそこから通った。

学校の教師たちも事態を把握していたが、部落差別について考えてくれたり、Yさんの意思を尊重してくれるというよりは、家出をしていることを問題視するだけで、家に帰れと指導する以外のことは言わなかった。

学校で担任と教頭とか、同担（同和主担教員）、同担はあんま覚えてないけど。まあ、でも、納得できる答えはくれんですよね。「家帰れ、家帰れ」しか言わへんかったんで。
——そういう形で、親に誰か話、行ってくれたりとかは？　先生の方から。
部落差別っていうのをこっちおいて、家から通えって言われて。

高校で、教師たちを交えて、父親と話し合ったが、そのような場面では、父親は差別発言はしていないと否定するので、話は平行線のままだった。

とにかく「帰ってこい」って言うんで、いや、帰ったってそんなん「別れろ、別れろ」言うやん、「部落やけん、別れろって言うやんか」ってみんなの前で言うたんやけど、「わしは、そんなこと言うとらん」とか言うけん。

――ああ、話、進まんねえ。

そうそう。

――なるほどねえ、それは大変でしたね。それどれぐらい、1年ぐらい続いたんですか？

卒業するまでですね。

Yさんは、親や教師たちが家に帰るように勧めるのを拒否して、彼の実家から高校に通って卒業を迎え、結婚した。

次の例は、親と子、どちら側から「縁切り」したといってよいのか、判断が難しい例である。地元を離れろという要求をはねつけたのはカップルの側であるが、地元にいながら会おうともしないのは親の側である。

【九州　30代男性　部落出身　③二〇一一年】

この部落出身の男性は、彼女の家族から「住む世界が違う」と結婚を反対された。彼らを引き裂くため、彼女の家族は娘を軟禁状態にした。

奥さん（彼女）のお姉さんが二人おるんですよ。二人が家に来て、「住む世界が違うから、離れてあげて」という感じで言われましたね。／最初は「ちょっと（別れるのは）無理や」って言ったんですよ。そしたら奥さんの方が、どっか連れて行かれたんですね、〇〇（関西地方）かどっか連れていかれて、親戚の家の方に。その時は、奥さん逃げて帰ってきたんですよ、目を盗んでというか。その時に、親戚の人に待ち伏せされとって、家に着いた途端、プアーッと家の前に来てそのまま、また連れて帰って。やられましたね。次、また一ヵ月か二ヵ月ぐらいしてですかね、今度、〇〇（より遠い地域）の方に、黙ってまた連れてかれて。

彼は、そこまで彼女を迎えにいった。空港では、彼女の両親が彼が来るのを見張っていた。かれらを無視して彼女のいるホテルに向かうと、警察が待ち伏せていた。誘拐未遂になっとるで』て言われて、そのまま（警察に）連れていかれ」た。誘拐犯扱いされたのだ。彼女と両親が来て、話しあいになった。結果、この土地にとどまり地元に戻らないなら、結婚してもいいという条件を出された。しかし、カップルは、そのような条件を聞き入れることはなく、地元に戻って結婚した。交流は絶たれたままである。

「縁切り」は、ほのめかされるだけの場合もあれば、実行に移されることもある。第1節の「殴り合いになりかけた」Eさんのケースでは、「縁切ってでも（結婚を）する」ことを主張して「最終的には、お父さんが折れた」というように、「縁切り」は交渉の資源になった。しかし、反対に親の側が、結婚を諦めさせるために「勘当」「縁切り」を使うこともある。最後の事例のように、双方が会おうとしない例もある。

ただ、短いスパンでみれば親子の関係が決裂しているようにみえても、長い年月をかけて、その関係を修復していく場合もある。第8章で後述するように、二〇年かけて関係を修復させた親子もいる。

## 6　弱いが粘り強く

これまでの事例から、カップルは「人柄」や「熱意」あるいは「既成事実」といった側面から、説得をおこなうことがわかった。

カップルの側からすれば、親がいかなる反対理由を挙げていたとしても、その背後には部落差別があると感じ取っている。それならば、部落差別をしてはいけないという説得が中心的になされるはずである。しかし、事例からわかることは、人柄や熱意のアピールがさかんにおこなわれていて、部落差別の話題は必ずしも中心になっていないようだ。なぜなのだろうか。

その理由のひとつは、カップルの側も、部落差別をしてはいけないという点を中心に据えて交渉をできないからである。交渉が決裂してしまう可能性があるからだ。親を「差別者」と名指しすれば、親はそれを侮辱であると捉えるだろう。いわゆる〝逆ギレ〟（非のあるほうが、その指摘をした人に対して、怒ること）をされかねない。

しかし、カップルの最大の目標は、親を差別者として断罪することではなく、かれらの容認を得て結婚することなので、交渉が決裂しないように細心の注意を払っている。そのとき、部落差別問題は、ひとまず避けられる。

また、仮に差別を指摘したとしても、親に差別したことを認めさせるのは困難である。前の章で述べたように、親の反対は「親戚の忌避の予期」「世間の忌避の予期」を中心に展開していく。この反対方法は巧妙で、カップルの側が反論するのは、とても難しい。カップルがいくら差別するなと抗議しても、部落差別をしているのは親戚や世間であって、親たちは自分が差別しているのではないと言い逃れることができるからだ。したがって、親が「親戚の忌避の予期」や「世間の忌避の予期」で反対している場合、「差別はいけない」「被差別部落を忌避するのはよくない」という説得は効力を持たない。カップルは、部落差別はいけないという説得方法をあらかじめ封じられているのだ。部落差別を指摘できないのは、カップルが部落差別を見抜けていないからではない。Yさんの父親のように、公の場では、自分の差別発言を否定するという場合もある。いくら「差別はいけない」と説得しても、「していない」と言われたら、議論は平行線をたどるだけである。

カップルの説得が、「人柄」や「熱意」あるいは「既成事実」という、やや説得力の弱いやり方になってしまうのは、交渉の決裂への配慮と、差別に対する反論の難しさに原因があるのだと思われる。しかし、説得場面で部落差別が後景に退いてしまうことによって、別の問題が生み出される。そのことについては、第9章「結婚後差別」の分析で再度論じたい。

以上、カップルの説得について論じてきた。結婚差別に対する説得は、論理としては弱いが粘り強く続けられる。その過程で、耐えきれずに別れてしまう人もいれば、恋人が思ったほど頼りにならず交際に疑問を感じてしまう人も出てくるだろう。わたしたちは、かれらが疲れ切ってしまわないように、どのような支援ができるのかを考えなければならない。支援については、第10章で論じる。

# 第7章　親による条件付与

## 1　消極的な容認

前章で述べたように、説得のプロセスは、部落問題を中心に展開するとは限らない。カップルの愛情や熱意に動かされて、結婚に反対していた親が容認に転じることが少なくない。したがって、結婚を「認めた」親は、必ずしも、差別したことを反省しているとは限らない。せいぜいのところ、消極的に認めているというのが、大半ではないだろうか。

そして、結婚することを譲歩するかわりに、交換条件が提示されることがある。その条件は、部落差別を温存するようなものになりがちである。だが、カップルもそれを大人しく受け入れるわけではない。条件をめぐって、親とカップルの攻防が繰り広げられる。これが「条件付与」の段階である。

浪子さんの事例を振り返ってみよう。ようやく結婚が容認されたけれども、代わりに母親は4つの条件を出した。地元の部落解放運動の中心的な人物であった栄さんにとって、その条件はとうてい受け入れがたいものだった。そこで、浪子さんと栄さんは、その条件の撤回をめぐって、再び説得をはじめざるをえなかった。説得の段階では、栄さんが浪子さんの母親に直接会うことは難しかったが、条件付与の段階では、栄さんが直接、説得をおこなっている。②「部落マイノリティ（出身者）に対する結婚忌避・差別に関する分析」から、栄さんの語りをみていこう。

## 2　栄さんのケース

浪子さんの母親から提示された条件のうち、栄さんが「蹴った」条件と、「譲歩した」条件があった。栄さんは、次のように語っている。

最終的にはね、二回ぐらい同じ内容で話（母親と交渉を）やってんけど、条件提示があったんです。「結婚しても、かめへんわ」いうことになったんです。（ただし）「条件ある」と。「（部落解放運動の仕事を）あんた、一所懸命やってんのはわかるけども、何もそれを生業にせんでも」ええやんけ。「その世界ではなく他の仕事に就いて、（部落解放運動は）ボランティアという立場で、やったらええやんか」、いうのがひとつね。ふたつめには「部落外に住め」と。だから結婚して「私のH（浪子さんの実家のある町）の近所に住居探したるから、部落の外に住みなさい」ということと。3つめが、「結婚してからも、あんたの性格やったら、おそらく私の身内に対してもオルグしたいやろう、部落問題の、それはやめてほしい」。「私から折り見て、おいおい私から話やっていくから、うちの親戚には、私から話やっていくから、あんたの口からは、やめといてくれ」と。で、3つとも蹴りまして。「それはできへん」と。「僕、仕事やと思うてやっとったら、こんなアホらしい仕事はない」と。「もう、ぼろくそ使われて、給料はめちゃめちゃ安いし、こんなもんアホなというぐらい思うてるから。で、仕事やと思うてやってないんで辞める気ない」と。こんな運動やっとって、地域の人に対していろんなことで、運動引っ張っていかなあかん立場におんのに、まあ当時やからね、地域離れて（運動を）するということはできへん。運動するイコールが、その地域の中に住み続けるというのんがセットのもんやと、「だからダメです」と。3つめ、実は譲歩しました。今なお譲歩してます。で、僕、まあ、時々（部落解放運動の講演などで）話する機会あったときにね、あんまり自分の話はしないんですけど、たまにね、するときに、「ええ格好いわへん」と、僕も。実は、そんな活動家やとか言いながら、そういう重たいもん背負てると。これはいつかクリアせなあかんと思うてるけども、俺も実はそういう3つめの条件のんで、今でもそうやってきてると。いうようなことで、3つめの条件、最後には飲んだんです。二回目の話合いのときに。

話し合いの当初、3つの条件が提示された。それは、部落解放運動に参加するな、部落外に住め、周囲に部落出身であることを言うな、であった。浪子さんによれば、さらにもうひとつ条件があった。子どもをめぐる条件である。

一度目の話し合いでは、栄さんは条件をすべて拒否し、話し合いは決裂した。二回目の話し合いのときに、出身を言わないことのみ、受け入れようとした。浪子さんの母親はそれに納得せず、怒って帰ってしまったが、そのあと、意外な展開になった。

（話し合いは）二回やったんです。一回目は全面拒否やって、（母親は）ドーンっと怒って、ビャーっ帰りはって、ひとりで。ほんで嫁はん（浪子さん）とふたり残されて。言うだけ言うて、怒って帰って。僕、一所懸命しゃべるからね、部落問題をね。で、二回目また会おうて思って、で、二回目また（母親は）ブーンっと怒って。「3つめは、のみます」って言うたのに、ブーンっと怒って、今度は嫁はん連れて帰りよって。／俺、ひとりで帰って。ほんなら後で電話かかってきて、また「アカン」っていう話になるんかな思うたら、「なんと頑固な男や」と。「せやけど、男はあのぐらい頑固な方がいい」と、「もう一緒になったらええがな」と。うん。二回目の直談判でオッケーが出た、母親的にはね。で、親父には「私から説得やる」と（母親が言った）。いうことで、僕、直接お父さんには、自分のことを含めて運動のことも含めて、一回も今までしたことないです。

結果として、4つの条件うち、出身について話してはいけないという、そのひとつだけを受け入れ、結婚は容認された。だが栄さんは、その条件を完全に受け入れたわけではない。「いつかクリアせなあかん」課題として、結婚後に持ち越した。この条件について、浪子さんがより詳しく説明しているので、もう一度引用してみよう。

結婚式のときにはね、うちの親戚には、部落であるっていうことは、今の段階ではね、伏せておいてほしい。やっぱり、まだまだ、いとこたちが結婚をしてない中ではね、迷惑をかけては困るので、そういうことがクリアされるまでは。まあ、うちの旦那にしたら、オルグしたいっていうのがありますよね、でもそれは、ちょっと控えてほしいっていうことで、それだけは、呑んだんですよ。（A－13）

ところで、浪子さんと栄さんの場合、結局、条件を受け入れたかどうかということよりも、条件をめぐる交渉における、栄さんのはっきりものを言う態度が、容認の決め手になっている。「あのぐらい頑固な方がいい」と条件をのまない態度が、「もう一緒になったらええがな」という容認の言葉を引き出した。

説得段階と同じように、条件をめぐる話し合いにおいても、「人柄」や「熱意」が大きな役割を果たしていることがわかる。

## 3　条件の類型

浪子さんたちの例は、親から提示される条件を網羅していると思われる。そこで、彼女らの事例に沿って、結婚容認の条件について整理しておこう。

ひとつめは、結婚相手が部落出身であることを周囲に明かさないという条件である。浪子さんは、母親から「結婚式のときにはね、うちの親戚には部落であるっていうことは、今の段階ではね、伏せておいてほしい」（A-13）という表現で、この条件を提示された。これを「非告知」と呼ぼう。次節で後述する事例でも、「親戚とかに言わないとか、そういうのはありますけどね。隠し通してみたいな」と、非告知の条件が提示されている。

ふたつめは、「非居住」である。栄さんは、「部落の中に住まないで、一般に住んで下さい」（A-12）と言われた。

非居住の例をひとつあげておこう。第3章「うちあけ」の第3節「うちあけしたケース」で述べた、知人の紹介で見合いをし、出身を明らかにしたうえで結婚したXさんのケースである。

この例は、親子間での条件の交渉ではなく、夫と妻の間で、部落に住むことをめぐって争っている。

**【大阪　30代女性　部落出身　①二〇〇〇年】**

Xさんは、知人の紹介で見合い結婚した。知人は会社経営者で、相手の男性はその社員であった。経営者からも、Xさんが部落出身であることは、伝えられていた。それを聞いて、男性は「関係ない」と述べた。安心したXさんは結婚することを決めた。

結婚して一、二年が過ぎた頃、Xさんの実家のある部落で、公営住宅の募集がおこなわれた。彼女は、実家に近いこともあり、公営住宅に入居したかったが、夫は部落に住むことに抵抗があり反対した。Xさんは、夫と別居してでも地元に戻りたかった。しぶる夫をおいて、自分だけで公営住宅に入居した。話し合いの末、ようやく半年後に、夫も公営住宅に移った。

（入居に反対するのは）それがおかしい。だから、（被差別部落に忌避意識をもって）思ってたんかなと思って。だから、いざ、（「嫁」に）もらうのはいいけど、住んだらそういうふうになるんかな（部落出身者であるとみなされるかもしれない）と思ったんちがうかな。やっぱり、結婚とか、就職のときに。

――結婚したときから、分かってることのはずですよね？

それが、「何で？」ってなるでしょ。それがおかしい、だから、思ってたんかなと思って。いざとなったら、自分が住むと、自分よりか子どもには、そういう苦労はさせたくないというのがあったんかなと思う。でも、私と結婚したとき、はじめから嫌やったら嫌で断ったらよかったんちがうのって、思うでしょ。

次節で後述する事例でも、条件をめぐってカップル間で意見が相違するケースを挙げるが、結婚の容認を求めている間はカップルは一丸となって親を説得するけれども、条件の段階ではカップル内でのズレが明確になりやすいのだと思われる。

Xさん夫婦の場合も、部落内の公営住宅への入居をめぐって、結婚後に意見が食い違った。部落外出身の夫からすれば、部落への「非居住」はいうまでもないことであり、暗黙の前提になっていたと思われる。

夫は、結婚するとき、Xさんが部落出身者であることは「関係ない」と断言した。しかし、部落内の居住をめぐって、その意味するところが明らかになっていった。それは、差別しないという意味ではなかった。部落外出身である自分と結婚して、一家が部落の外に住み、部落と関わりなく生きていけるなら、Xさんの出身は問わないという意味であった。また、子どもに関しては、夫は部落外出身である自分側の〝ルーツ〟をあてはめ、部落外出身者とみなしていたようだ。

「非告知」「非居住」に続いて、3つめの条件は、部落解放運動に関わらないという「非運動」である。栄さんは、「部落解放運動を仕事にしているので、その仕事を辞めて、まったく違う仕事についてください」と要求された。

次節のWさんの事例でも、「非運動」が求められている。先にその部分だけ引用すると、「私はこのN（被差別部落の名前）で住んでるから、いろんな役職についたり、ボランティアみたいなことをしてますでしょ。なら、『もう、そんなん一切辞めてくれ』と。要は、Nで関わってることは一切辞めてくれって、そのお父さん言われました」と、Wさんは述べている。

「非運動」の要求は、部落解放運動だけではなくて、ボランティアや自治会など、部落内の地域活動にも及ぶ。なぜなら、町名や活動から、出身が明らかになることを恐れているからである。

そして4つめの条件は、カップルの出産や、生まれた子に関する条件である。反対していた親からすれば、孫に関する条件ということになる。子どもに関する条件は多様であるが、ここでは代表的な条件である「子どもを生まない」から、「非出産」となづけよう。

浪子さんの例では、「あなたたちは好きで結婚したからいいけども、自分の孫が差別されるのは見たくないんで、子どもは作らないでちょうだい」と、母親から要求されている。

他にも、部落外出身者と部落出身者との間に生まれた子どもは、部落外出身者の家族成員であるとみなし、部落出身者だとみなしてはいけないという条件もある。例えば、結婚して新たに戸籍を作るときに、部落外出身者側の本籍地を選択せよといった、具体的な条件を提示する場合もある。上記のXさんの事例では、部落外出身の夫が、自分と結婚し部落外に住むことで、自動的に妻と子は部落から切り離されると認識している。

また、ジェンダーによっても、子どもをめぐる解釈は変わる。例えば、浪子さん夫婦は、男性側が部落出身である。他方、Xさん夫婦は、女性が部落出身である。

現代日本では、理念上は婚姻は男女平等であるはずだが、女性が男性の「家に入る」「嫁入りする」という観念を持っている人はまだまだ少なくない。その考え方に基づくと、男性が部落出身の場合、部落外出身の女性は、部落の「家に嫁入り」することになる。すると、夫婦も生まれてくる子も全員が「部落の人」になる。生まれてくる孫が部落出身になってしまうのを避けたいと考える人は、「非出産」を要求するだろう。

あるいは、部落男性を「婿入り」させて、部落と切り離す方法もある。女性の本籍地と氏を選択したカップルの中には、ジェンダーにこだわらずにそうした人もいるかもしれないが、多くは部落出身男性の「ルーツ」を断ち切ろうという意図からおこなわれていると考えられる。この場合、夫婦も生まれてくる子も、全員が「部落外の人」になるとみなされる。

一方、部落出身の側が女性である場合、結婚は部落外の男性の「家に嫁入り」するとみなされるだろう。生まれた子どもは、本籍地も氏も〝ルーツ〟も男性の側にあるとみなされる可能性が高い。すると、妻と子どもを夫側の家族の成員であるとみなすために、妻側の家族からは切り離すことが条件になるだろう。

以上、結婚の条件について整理してきた。もう一度繰り返すと、周囲に出身を隠す「非告知」、部落内に住まない「非居住」、部落解放運動や部落内の市民活動をしない「非運動」、そして、子どもに関する「非出産」という条件があった。

## 4　条件付与にいたるさまざまなルート

繰り返し述べてきたように、この章までに整理してきた結婚差別の諸段階は、あくまでもモデルにすぎない。条件付与に至るプロセスには、バリエーションがある。例えば、反対の段階はなかったが、最初から「条件」が提示される場合がある。また、条件の取り決めは、部落外側の親子間で行われて、部落出身者本人は蚊帳の外におかれるということもある。このようにして、部落問題に正面から向き合えなくなるような条件を与えたり、一部の者の間だけで取り決めをすることで、結婚後の家族内での差別問題の萌芽が生み出されてしまう。

この章の最後に、変則的なプロセスを経た事例について考えてみたい。まず、反対はなかったが最初から条件を提示されたケースをみる。次に、条件付きの容認をされたが、条件を受け入れることができずに交際を終わらせたケースについて考察する。

**【大阪　20代女性　部落外出身　①二〇〇〇年】**

Aさんは、ふだんから母親に部落出身者と結婚するのは避けるようにいわれていた。そのため、部落出身者の男性と交際して結婚しようと思ったとき、母親から反対されるだろうと心配していた。しかし、実際には結婚の反対はなかった。ただ、夫の出身を周囲に隠すように忠告された。

――結婚の反対はなかったんですね？

結婚に関してはそうですね。ただ、親戚とかに言わないとか、そういうのはありますけどね。隠し通してみたいな。

――お兵様に、少し気にされた？

昔、そういうふうに言ってたから。怖いというイメージが、集団でやってくるみたいな（笑）。

田舎になればなるほど、そういう噂って大きくなるし、言ってしまったらね。だからそこでもう止めとこか、お母さんだけで止めといて、みたいな感じありましたけどね。
――親御さんだけに、その話をとどめといたら、まあいいと？
あえて親戚関係も、私とは、お母さんのいとことか、そういうとこの関係って薄いというか、ほとんどあまりないじゃないですか。年に一回ぐらいやから、わざわざ言う必要はない。田舎とかやったら、差別的なところ残ってたりするし。言うことによって別にメリットもないし、逆にほら、デメリットのほうが多いから、今は。やっぱ言えない世間ですかね。

夫の出身を明らかにすることについて、Aさん自身もメリットがなくデメリットの方が多いと考えている。母娘間で、特に意見の食い違いもなく、この条件は受け入れられた。
提示された条件について、カップルで意見が食い違うこともある。次の例は、交際相手が部落差別に加担していると感じて、交際を終了させたというものである。第4章「うちあけ」の第3節「うちあけしたケース」で、交際相手から出身を隠すように言われて、交際をやめたWさんのケースである。

**【大阪　30代女性　部落出身　①二〇〇〇年】**

Wさんは、交際相手の父親から、部落の外に住むこと、部落解放運動を辞めることを要求された。

私はこのN（被差別部落の名前）で住んでるから、いろんな役職についたり、ボランティアみたいなことをしてますでしょ。なら、「もう、そんなん一切辞めてくれ」と。要は、Nで関わってることは、一切辞めてくれって、そのお父さん言われました。こっちはそれほど（結婚を）意識もなしに（交際相手の家に遊びに）行ったんですけども、向こうは多分それ（Wさんが部落出身であることを）言ったんでしょうね、親に。／（相手の男性は）結婚したらどこへ住むって（聞くので）、ここに（部落内に住むと答えた）。（しかし男性は）「そんなん、とてもやない」と。だから結局、多分お父さんに何か言われたんでしょうね。

Wさんは、彼氏の父親に対し、部落解放運動を「多分、辞めないと思いますって言うて帰って」きた。そして、親の言いなりになっている彼氏に失望し、交際をやめた。

以上、第3章から第7章まで、結婚差別問題をめぐる交渉の中で何が起こっているのか、具体例をあげて分析してきた。反対、説得、条件付与の段階では、微妙に部落問題から論点をずらした議論が展開されていることが明らかになった。例えば、部落差別の議論から、「祝福」をめぐる議論にすり替わったり、差別を指摘された親は、自分は差別していないという論理を用いたりする。説得する側も、差別はいけないと主張するのではなく、熱意や人柄で押していく。結婚の容認にしても、親は差別したことを認めて容認に転じるわけではないし、条件は部落を忌避することを維持し正当化するようなものばかりである。

次の章では、第3章から第7章で紹介した事例を通じて、結婚差別問題の交渉において行なわれていることは、いったい何であるのか、詳しく分析していきたい。なぜ、話題は部落問題から微妙にずらされていくのだろうか。なぜ、部落を忌避したまま、結婚を容認することができるのだろうか。

# 第8章　結婚差別問題では何が争われているのか

## 1　祝福をめぐる攻防

第3章から第7章では、結婚差別問題において、どのような攻防が繰り広げられているのか、事例を示しながら段階を追って整理してきた。

この章では、第7章までの事例をふまえて、うちあけ、結婚の反対、カップルからの説得、条件つき容認というやりとりの中で、差別の問題が他の問題へとずらされていく理由について考察したい。

まず第1節と第2節では、親とカップルの攻防のなかで現れた「祝福」というキーワードについて考える。第3節では、なぜ「親戚の忌避の予期」や「世間の忌避の予期」が反対において効果を持つのかについて考える。そして、第4節では、「非運動」「非居住」「非告知」「非出産」という条件によって、何が達成されるのかについて考察する。

また、これらの行為を通じて、結果として、部落差別が達成されていく可能性について考えていく。

第5章第1節「結婚差別と親」で述べたように、結婚差別をめぐる親子の対立は、親が子の結婚に介入するのは当然のことであると、少なくとも一方が考えているところから生じる。もし、結婚は本人同士が決めることであって、親が介入すべきことではないと人々が考えているなら、そもそも、このような問題は起こらない。

実際、法的には、親の許可は必要ないのだが、本書の多くの事例でも、子の側から、親の容認や「祝福」を求めて、説得活動をしていた。幸せな結婚とは親が祝福してくれるような結婚なのだという認識は、親だけでなく子の側にもあるだろう。これが、結婚差別の生じる基盤になっている。いくつかの例でも、親と関係を絶ったり説得できないまま結婚するのは、あくまでも最後の手段であり、できれば避けたいことだと語られている。再度、その部分を引用してみよう。

まず、浪子さんの例である。栄さんの母親は、連日口論を繰り返して疲れきっている浪子さんに、説得はあきらめて、家を出るようすすめた。そのときの心情を、浪子さんは語っている。

私の中にはやっぱり、せめて自分の両親だけでも祝福してね、結婚したいんで、できる限り説得して、で、だめだったら、もしかしたら家を出るかもしれないけど、もう少し待ってほしいんですっていうことで…。(A-6)

結果的に、浪子さんは家を出ることを選択しなかった。次に、第5章第2節「ひとつの事例から」で取りあげた良平さんの事例をもう一度みよう。

【大阪　20代男性　部落出身　①二〇〇〇年】

（良平さんの周りには、親との交際を絶った友達がいるが）そういうのを彼女は見ながら、「自分は駆け落ちしたくない、親に祝福されて結婚したい」というのがあるんで。俺も、そうや、と。ただ、「俺たちが結婚できんようになったら元も子もないから、最終手段はそれしかないぞ」という話はしてる。それが最終手段かどうかわかりませんけど。ただ、本人の頭の中にはそれはないんですよ。親に祝福され、妹にも祝福されたい、まわりに祝福されるような結婚をしたいと。ま、理想です。そらそうですよね、誰でも。（J-6）

良平さんは、「祝福される結婚」が誰にとっても理想であると、明確に述べている。その他の事例の中には、親の説得を断念するカップルもあった。だが、そのような場合でも、説得の末にやむなく縁を切ることを選んだのであって、最初から祝福を求めなかったわけではない。もし、親の意見を無視して躊躇なく結婚できるならば、結婚差別問題をめぐるカップルの苦悩のほとんどは、もとから存在しないことになる。

このように、現状としては、親の祝福が子どもの「幸せ」な結婚の要件であると、親子ともに考えていて、そこから生まれる権力関係が、結婚差別問題の背景にある。

そして、親に祝福された結婚が幸福な結婚であるならば、ひるがえって親に祝福されない結婚は「不幸」な結婚だということになる。祝福される結婚が幸福であるという定義づけを、親と子の双方が共有しているならば、親に祝福されない結婚は不幸だという定義もまた、共有されてしまうかもしれない。

さらに、「祝福」されない部落出身者との結婚は「不幸」であるという状況の定義自体が、「予言の自己成就」[Merton 1949] して、部落出身者との結婚は不幸であるという認識が再生産されていく場合がある。

例えば、Vさんが語った友人の例は、結婚には至っているものの、部落出身者との結婚をよく思っていない親や親戚に「非難」されることを通じて、本人たちがその結婚はよくなかったのではないかと不安に感じ、実際に夫婦関係が悪くなり、結婚生活が破綻したという話である。

【大阪　20代男性　部落出身　①二〇〇〇年】

結局、うまいことといけへんかったりね、離婚したりとか、やっぱあるし。結婚するまで大変やけど、結婚してからもまた引きずるもんやからね、こればっかりは。はたから言われて、別居とかさ。親とも意志疎通がなくなったり、だんだんコミュニケーションって無くなってくるやんか、親に対しても、親戚に対しても。ほな、集まり、例えば冠婚葬祭とか集まりでもさ、その親戚ら、集まるやん。ほな、非難されたりちょっとするとさ、親も、「私の娘、こんなんでよかったんかなあ」って思われちゃうとさ、やっぱり親としては子どもがかわいいからさ、「どうやろ?」。ほな、娘自体も不安になってくると、もう離婚じゃないですか。夫婦生活、性生活ももちろんですけど、子どもが生まれへんだけで、そんな事言われたり。っていうのは、そんな行為自体なくなってくるじゃないですか、夫婦のなかでそういう不安が出てくると。「ほな、やっぱり別れるか」と。結局は、うちの娘は普通の人とって、なってくるじゃないですか。だからほんまに皆、その話聞くと、結婚できへんかった話とかもよくあるんですけど、してからも大変なんですよ、実際。

（親や親戚に反対された経験があると）毎日意味もなく不安になってね。結婚した友達とかも言いますけどね。毎日どこかで思ってるんですって、その事（差別発言）を言われたらどうしよ、言われたらどうしよ。本人自体、不安になってくるね。ほんまにだから、結婚したけど、本人自体もこれでよかったんかな。まあ、それは彼女に対する思いもありますやん、彼女を愛するがゆえに、ほんまに俺でよかったんかなあっていう部分もありますし、ほんまに理解してもらったんかなあっていう部分もありますし、だからその、夫婦のなかでね、それなりの絆がちゃんとあれば、別にそう、そういう問題にもなりにくいと思うんですけど、やっぱりお互いどこかで持ってるとね、周りから、どんどん言われてきたりすると、もちろん言われてくるじゃないですか。

このVさんの友人の例は、結婚後のできごとであるが、結婚に至るまでの過程でも、部落出身者との結婚が「不幸である」という予言が、実際に「不幸な」状況を生み出してしまうことがあるだろう。反対に、親を説得しきれずに縁切りを選んだが、それを「不幸」な結婚だったとは考えていない人もいる。第5章第5節「反対する親と縁を切る」で紹介したBさんは、愛する人と結婚できたのだから、間違った選択ではなかったと、肯定的に捉えている。

【大阪　40代女性　部落外出身　①二〇〇〇年】

Bさんは、部落出身である恋人と結婚したいと親に告げたところ、親戚一同から結婚を延期するように説得されたが、延期したところで親たちの容認は得られないだろうと判断し、「もう、家を出」て、結婚生活を始めた。親との「縁切り」について、Bさんは、子どもに次のように話して聞かせた。

お母さんは、何も間違ったことはしてないと。ちゃんとひとりの人間好きになって、結婚したいと思ったから、一緒になったんやっていうのを、やっぱりちゃんと解ってほしかったし。そのへんでは、子どもにちゃんと（部落問題を）伝えたかったし、子ども自身が（部落出身だと）言える子に育ってほしかったから、うん、（部落解放）運動しようと思ったんですよ。だから、いろんなところで関わっていきたかったし、分からない部分、（部落について）それだけ勉強しようと思ったんです。うん。ちゃんと言える、子どもに言える親になりたかったし。

なお、Bさんは、結婚して20年以上経ってから、親戚の法事に夫とともに出席して、そのときに親戚の人々と和解している。Bさんは、幸せに暮らしていることを、親戚にみせることができた。彼女は、部落出身者との結婚は「不幸」ではないことを証明した。これは、長いスパンをかけた説得行動といえるかもしれない。

これらの「祝福」をめぐる事例からは、「部落出身者との結婚は、祝福されない結婚であり、したがって不幸である」という親の定義づけが、結婚差別を乗り越えるときのひとつのハードルになっていることがわかる。

この定義づけに負けてしまわないためには、部落問題について知識を得ることが必要であるし、また、幸せに暮らしている部落・部落外カップルの実例を知ることも必要であると思われる。

## 2 「祝福」は不必要か

だが、親からの祝福を求める限り、カップルは幸福をめぐる争いからは降りられない。角岡伸彦は、結婚差別をめぐるルポルタージュの中で、祝福にこだわらない態度も必要ではないかと述べている。

だが、家族や多くの人に祝福されるのに越したことはないにしても、ふたりが結婚するのだから別に祝福されなくてもいいのではないか。天の邪鬼である私は、ついそう考えてしまう［角岡 1999］。

結婚に関し、部落は長きにわたって、許され、選択される側だった。だが、これからは部落も選ぶ側を意識してみてはどうだろうか。まず、つき合う相手やその親が、家柄や学歴や職業などを気にしない相手であるかどうかを見極めることが肝要である。その作業が面倒なら、周囲の祝福や結婚という制度にこだわらない方が賢明である。そのような「世間並み」を欲するなら、差別は覚悟しておいた方がいい。結婚している私が言うのはおかしいが、結婚という制度や結婚しなければという常識からおさらばするのもひとつの方法ではないだろうか［角岡 1999］。

また角岡は、「周りの祝福」という常識に惑わされずに、自分を貫くことが、「結婚差別を乗り越えることができるかどうかの境目である」という。これまで紹介した多くの事例でも、親との交渉を続ける中で、祝福を諦めるかどうか、カップルは厳しい決断をせまられていた。親の許可や祝福よりも、本人の選択、両性の合意が最優先であるべきだし、人々がそのような合理的な選択ができることが理想である。しかし、「世間並み」の祝福は必要ないと、最初から割り切れる人は、現状では少ないのではないか。容易に諦められるのであれば、結婚差別問題の苦悩も、ほとんどないことになってしまう。もちろん、祝福にこだわらない社会を目指すことは必要ではある。だが、祝福が常識とされている社会において、差別に直面した若者だけにそれを要求すること自体、「やはり、この結婚は不幸なのだ」と解釈されてしまう可能性もある。

また、親の祝福が含意することを、もう少し丁寧にみる必要がある。祝福とは、単に親が結婚を喜んでくれるということではない。

まず、感情的なつながりである。子は親に対して、これまで育ててくれたことに恩を感じているかもしれない。また、親に愛情を抱いているかもしれない。親の期待にできるだけ応えたいとか、親との関係性が切れてしまうことは耐え難いと考える人もいるだろう。

親子関係における愛情は、「家」制度的なものを新たなかたちで再編成しているという指摘がある。第5章で引用しているが、再度ここで引いておこう。「家」の現代的なあり方について、米村千代はそこに、親や祖父母に対する愛情が介在している場合が少なくない」と指摘している［米村 2014］。「現代において『家』の継承の葛藤を抱える人には、単に『家』と個人意識との狭間で悩むというより、「祝福」へのこだわりもまた、単に家制度意識が強いために親の許可が必要だと考えているだけではなく、親子仲のよさに由来する部分もあるのではないかと考えられる。

そして、経済的な期待とケアの期待も無視できない。親は長年にわたり、子に対して経済的恩恵を与えてきたかもしれない。さらに、子どもは、結婚してからの経済的援助や、ケアなどの物理的な援助を期待しているかもしれない。具体的には、結婚式や新婚旅行、マイホームへの資金援助と、家事や子育ての支援に対する期待である。豊かさや周囲のサポートの有無も、「幸せ」な結婚生活を送るための条件なのである。若者の雇用が不安定で、公的な子育て支援の不十分な現代の日本では、親は「面倒をみる」対象というよりは、むしろ子にとっての財である。

例えば、このような指摘がある。かつては歳をとると親の収入は減り、子どもに依存するといわれていたが、現代においては、歳をとっても親の資産や収入はそれほど減らない一方で、子どもの収入があがらないため、親の影響力が大きいままになっているといわれている［岩間、大和、田間 2015］。

また、90年代前半から現在までを比較すると、親世代と子世代夫婦との同別居について、夫方・妻方の4人の親のうち、いずれかと同居する割合は増加傾向にある。また、「第5回全国家庭動向調査」によれば、親と別居していても、いずれか近い方の母親との距離が60分未満の回答者が72・2％で、過去の調査と比較して近居化は進んでいるという[*1]［国立社会保障・人口問題研究所 2014］。

祝福へのこだわりは、愛情、経済、ケアの期待と、分かち難くつながっていると思われる。そして、経済的な援助がなければ、期待していた結婚生活よりも経済的には苦しいものになるだろうし、親によるケアがなければ、夫婦が仕事と家事・育児を両立することがより困難になるだろう。そのような将来予測をすることで、「この結婚は不幸だ」と定義される可能性はないだろうか。

一方、愛情にもとづいた親子の結びつきが強いならば、親もまた子が離れてしまうことを恐れるのではないか。その一例として、筆者の担当する大学の講義で、受講生たちに考えてもらった説得・対処方法の中から、親の子に対する愛情にもとづいた説得方法の例をあげてみよう[*2]。

・戦略のひとつにあった「縁切り」はとても有効だと思いました。やはり親も子どもが大切で反対しているので、子どもに「縁を切る」と言われれば考えなおしてくれるかもしれません。

・親に「そのように（差別するように）考えるよう育てられた覚えはないし、今、こう考えている

（反対する）ことを、息子としてとても恥ずかしい」と言う。

自分を愛しているのなら、自分の選択を肯定してほしいというメッセージを親に投げかけたいという学生もいる。あるいは、自分の選択は、自分を育てた親にも責任があるのだと主張するだろうという学生もいる。

- （親が）親戚の意向に逆らえないというとき、「自分の親なのに、オレを応援しないでどうするんや！」という。
- 自分の子どもが選んだ大好きな人と人生をともにできる幸せと天びんにかけてほしいと思います。
- （親に対して）あなたが自分で育てた子ども（私）の選択の責任は、あなたにあるんじゃないですかという。

また、これまでの家族関係が良好であったとしても、親が差別をするような人であると知った時点で、大切に思えなくなるという意見もあった。

- 相手のことをちゃんと知ろうとしないで、出身というようなことだけで反対するような家族は、尊敬もできないし、大切にも思えないので、縁を切る。

・（「縁切り」の事例を読んで、）結果としてはそんな人たちと関係を続けなくてよかったんじゃないかとおもう。結婚は一生のことだから、その後も多くの困難があると思うし、そういった時に一緒に乗り越えていけるパートナーと結ばれるべきだと思うから。

しかし一方で、親から自分や孫が心配だからという理由で反対をされたら、それが結婚差別であるということにさえ気づかないかもしれないという意見もあった。親子関係のよい学生や、親への信頼が強い学生の場合、親のいうことに疑問を感じることがないかもしれないというのだ。

・親に「孫が差別されるのはつらい」と言われてしまえば、親が差別をしているということに気づくことなく、どうしたら解決するだろうかということを、親と相談してしまいそうで不安です。

「祝福」をめぐる攻防が繰り広げられる中で、このように親子関係を相対化することは、結婚差別を乗り越えるための重要な要素なのである。つまり、結婚差別問題は、差別の問題というだけでなく、家族関係の問題でもあるのだ。「差別だけ」の問題ではないところに、結婚差別の解決のしづらさがある。家制度的な、いくぶん強制的な親の縛りよりも、自発的な愛情に基づく縛り——つまりそれが「祝福」なのである——のほうが、相対化が難しい場合もありうる。

結婚は両性の合意のみにもとづくのだから、本来、親の容認は必要ない。だからといって、祝福——

それが含意する愛情、経済的な期待、ケアの期待——を、一切望むべきでないと言い切ることができるだろうか。そうではなくて、われわれがしなければならないのは、祝福を相対化していくプロセスを丁寧に追い、その具体的な方法を知ることではないだろうか。

## 3 「親戚」「世間」の効力

第5章「親の反対」の第6節「結婚に反対する理由」で述べたように、親の反対方法はさまざまであるが、とくに「親戚の忌避の予期」や「世間の忌避の予期」(以下、「親戚の忌避」「世間の忌避」とする)という反対方法は、結婚差別をめぐる親子の交渉のなかで、議論の中心的な位置を占める。「親戚が結婚を許さないだろう」「お前は、世間の差別の厳しさを知らない」と親が主張してきた場合、カップルはそれに対して反論するのが難しい。これらの主張は、差別しているのは親戚や世間であって、親自身ではないということを含意している。したがって、第6章「カップルによる親の説得」の第6節「弱いが粘り強く」で述べたように、自分は差別していないという親に対して、「差別はいけない」「差別するな」と説得あるいは抗議をしても、議論は平行線をたどってしまう。それどころか、そのような抗議は、差別していないのに差別者扱いするのかと、逆に相手を怒らせてしまいかねない。説得を続けたいカップルにとって、親を怒らせて、交渉が続けられなくなるのは得策ではない。このようにして、説得の場面で、差別はいけないといった反論は、あらかじめ封じられてしまう。

「親戚の忌避」および「世間の忌避」への反論が難しいのは、他にも理由がある。浪子さんの例で、彼女の母親が言った言葉を思い出してほしい。もし、浪子さんが栄さんと結婚したことが理由で、いとこの結婚が破談したら「責任が取れるの」と、母は浪子さんを問い詰めた。部落出身者が親戚にいるということで、いとこが結婚差別を受けるかもしれないというのだ。この、浪子さんの母の問いかけに、私たちはどう答えればよいのだろうか。そのことについて考えよう。

これらの反対方法が用いられた場合、カップルが説得すべき対象は親だけにとどまらず、範囲が拡大する。もし、反対するのが親だけなら、カップルは親を説得しさえすればよい。親が面会を拒否し、顔をあわせることが難しい場合もあるけれども、少なくとも、説得すべき対象は実在する。かれらを説得すればよいという信念を持って、行動することができる。

ところが、「親戚の忌避」はどうだろうか。説得の対象は、一挙に増える。顔をつきあわせて全員を説得する可能性は極端に減じる。祖父母や親世代では交流のある親戚でも、その下の世代にあたる「はとこ」や「いとこ」同士は、会ったことさえない場合もあるだろう。にもかかわらず、浪子さんの例のように、カップルは彼らの結婚の責任を問われる。

つまり、説得の相手はとたんに抽象的な存在になってしまうので、カップルは説得の術を失ってしまう。交流のある主だった親戚だけを説得の対象にすることもできるけれども、その親戚もまた、別の「親戚の忌避」を口にするかもしれない。したがって、親から「親戚の忌避」を理由に反対されたとき、すべての親戚を説得すると断言することはできない。

また、いとこが将来出会う婚約者に差別されたり、カップルの間に生まれた子（親にとっては孫）が部落差別を受けたときに、カップルが、その責任を取ることができると断言することはできない。これらの差別する人々は、未だ、出会ってもいないか、存在するかどうかもわからない存在だからである。少なくとも実在する人々の集まりである「親戚の忌避」以上に、「世間の忌避」を行うであろう人々に対しては、責任をとると断言することが難しい。

では、カップルはどのように反論をしていけばいいのだろうか。まず、「なぜ、親戚や世間の人々の行為について、われわれが責任も持たないといけないのか」、「未だ存在しない人々のことについて、責任など取れるわけがない」と、親に問い返したらどうなるだろう。おそらく、「責任を取れないのか」、「自分のことしか考えていない、身勝手だ」と、非難されてしまうだろう。

逆に、「責任をとる」と答えても、「そんなことをできる保障はないのに、無責任だ」と言われるだろう。つまり、「責任をとる」あるいは「親戚を説得する」と答えても、「責任を取れない」あるいは「親戚を説得しない」と答えても、いずれも無責任な態度だとみなされ、人格的に非難されるだろう。つまり、親の問いかけは、そもそも回答不能な問いかけなのである。浪子さんも、いとこが破談になった場合に「あなた責任とるの」と、母親に問い詰められたことが、「やっぱ、それ言われたら、すごくきついかな」と感じたという。

しかし、改めて考えてみると、部落出身者と結婚したら、必ずいとこが破談に遭遇するわけではない。「親戚の忌避」や「世間の忌避」による破談というストーリーは、実はかなり飛躍がある。反対が一切起こらないことと、破談になることの間には、複数の可能性があるはずだ。だが親は、部落出身者との結婚といとこの破談には因果関係があるように語り、ほかの可能性については意図的に語らない。ほかの可能性とは、部落を忌避しない人の存在や、親戚に部落出身者がいることが問題ではないと考える人たちの存在である。また、親戚のなかにも、部落出身者との結婚に賛成する人もいるはずである。

また、仮に結婚が破談したとしても、その責任は、部落出身者にあるのだろうか。結婚を断った人や、そのような相手を選んだいとこは、責任を問われないのだろうか。責任の所在については、意見が分かれるだろう。このように、「親戚の忌避」や「世間の忌避」による破談というストーリーは、差別しない人々の存在を隠蔽し、部落出身者と破談に因果関係があるかのようにみせかけているのである。

ここまで、「親戚の忌避」や「世間の忌避」への反論の難しさについてみてきた。もう一度、反論が困難な理由を整理しよう。ひとつめは、「差別はいけない」という反論が無効化されてしまうためである。ふたつめは、説得の範囲が急激に広くなったり、抽象的になったりするためである。そして３つめに、そもそもこれらは回答不能な問いであり、どのように答えても、無責任であると人格的な問題にすりかえられてしまうからである。そして、それは「人柄」のよくなさに結びつけられる。

差別の話をしていたはずなのに、いつのまにかカップルの責任感の問題にずらされてしまう。回答不能な問いを突きつけられて、そこでカップルは立ちすくんでしまう。カップルは、直接この問いに答えるのではなく、別の説得方法を試みなければならなくなる。部落というカテゴリーではなく、人柄や熱意といった、個人としての評価を求めることになる。

人柄や熱意という説得は、親の側も受け入れやすい。浪子さんの例でも、最終的に母親が態度を変えたのは、熱意と人柄であった。浪子さんは、「『気持ちが変われへんのやなあ』っていうことと、相手の、今の主人のことが（を）いろいろ話する中でね、いい人やねっていうことが解ってきたっていうのが」、決定的な点だったと述べる。

ところで、人柄や熱意を通じた結婚の容認は、部落というカテゴリーではなく、その人の人物をみるという意味では、部落にこだわらないのであるから、差別をしていない態度にみえる。しかし、部落差別を反省して結婚を容認したのではないので、部落に対しての解釈が変わったわけではない。もちろん、その人自身をみて、部落全体のイメージを改める人もいるだろう。だが、「部落出身者にしては、いい人だ」と解釈している可能性もある。部落に対するマイナスイメージを持ち続けたまま、子の結婚相手だけをその例外とみなすことができるのだ。これを「例外化の戦略」とよぶことにしよう。この戦略は、親の側だけが採用するのではない。カップルの側も、説得をおこなうときに、人柄や熱意をアピールすることで、ひとまず親の差別的な認識は不問にしているので、共犯的な関係にある。

そして、このことが「結婚後差別」の萌芽となる。結婚後差別については、第9章で述べる。

## 4　「脱部落化」と「忌避の合理化」

第7章「親による条件付与」では、結婚容認の際に提示される条件について整理した。「非告知」、

「非居住」、「非運動」、「非出産」という条件を突きつけることで、親は何を求めているのだろうか。第1章第1節「部落問題とは何か・部落出身者とは誰か」で述べたように、ある人を部落出身者かどうか判断するとき、系譜的連続性、地域的要素、そして職業の3つの要素、あるいはそのうちのいずれかに当てはまることが根拠にされる。極端な場合、いずれの要素も持っていなくても、部落出身者であるとみなされることもある。

上述の結婚の条件は、この3つの要素を隠蔽したり断絶させるための手段なのである。これを「脱部落化」の戦略とよぼう。

非居住は、被差別部落という地域から、部落出身者を切り離す。非運動は、部落解放運動とそれに関連する職業や、運動のメンバーであるという肩書きから、部落出身者を引き離す。非出産は、系譜的連続性を断つことが目的である。そして非告知は、部落出身者の系譜・地域・職業を、親戚やその他の人々に対して隠蔽する。

何をどの程度実行すれば「脱部落化」するのかという基準は、恣意的である。例えば、非出産の場合、カップルに子どもを持たせないという厳しい条件を課す親もいれば、カップルが子を持つことを禁じはしないが、ただし生まれた子は部落外の系譜を継ぐ子であって、部落出身とはみなさないという親もいる。

また、非居住という条件によって、部落外に住めば、子は部落外出身者だと解釈する場合もある。第7章第3節「条件の類型」の非居住の例で挙げたXさんの事例では、部落外出身の夫は、Xさんが自分と結婚して部落外に住めば、妻子ともに部落外出身者になると考えていた。そして、「(嫁に)もらうのはいいけど、住んだらそういうふうになるんかな(部落出身者であるとみなされる)と思ったんちがうかな」とXさんが推測するように、部落に転入すれば、家族全員が部落出身者になると考えていた。このように、条件の解釈には、人によって、かなり幅がある。また、部落女性と部落外男性のカップルと、部落男性と部落外女性のカップルでは、子をめぐる解釈にも差異があるだろう。

また、解釈が恣意的に働くのは、子どもの出身だけではない。部落出身者が部落外出身者に「嫁入り」あるいは「婿入り」することで、部落のルーツから外れると考える人もいれば、あくまで出身は変わらないと主張する人もいる。

次の例は、部落女性が部落外男性に「嫁入り」したが、夫の親は、自分の孫は部落外だとみなし、「嫁」には実家との関わりを絶つよう強要しながらも、部落出身者として扱い続けたケースである。

**【大阪　50代女性　部落外出身　①二〇〇〇年】**

この事例は、語り手の娘が受けた差別事象についてである。語り手自身は部落外出身であり、部落出身者の夫との結婚の際、父親にそのことを告げると「同和地区というだけのことで、ウワアッと腹立てて殴」られた経験がある。

彼女の娘は、部落外の男性と結婚を約束するが、彼の親が結婚に反対していた。語り手は、娘のためだと思って、相手側の冷たく差別的な態度に耐えながら、やっとのことで結婚の日取りを決めた。しかし相手側は、体調が悪いなどといって、結婚の延期をくり返した。その間に、娘は妊娠したが、彼の親から堕胎するよう言われ、泣く泣く中絶した。その後、彼は親元から離れ、両親に居所を隠して結婚生活をはじめた。次の子を妊娠したときに、彼の親はようやく結婚を容認した。

やっぱり、孫はかわいいんですよね、むこうも。／嫁は憎いけど、孫はかわいい。もう、あないなってきたら、息子も嫁もないですわ。孫ですわ。

娘は夫の家族と暮らしていたので、語り手はなかなか孫の顔をみることができなかった。親戚の法事の折、娘が孫を連れて帰ってきてくれるだろうと、語り手は心待ちにしていた。

思ってたらね、ひとりで帰ってきたんですわ。「なぜ」言うたら、「どうしたん、あんた」言うたらね、いや、「お義母さんがね、子どもはね、ミルクとパンパース（おむつ）さえあったら、お母さんなんて必要ないんです」、そない言われてね、ほんで帰ってきてね、泣いてね、もう自分のお腹痛めた子やのに、自分の子でないような気したって。

娘は、部落に住む母親に電話一本いれることすら、自由にできなかった。「嫁いびり」を告げ口をするのではないかと、義母が疑っていたからだ。ましてや、子どもを連れて帰省することなどできず、一番下の孫には一度も会っていない。

（娘夫婦と義父母が）同居してからいうのは、全然、だから、行き来してもらいたくないんやろ思うよ、向こうは。私がここに住んでるいうだけで嫌なんでしょ。どっか変わってもらいたい（部落から転出してほしい）気持ちもあるんちがう。多分、伏せてはんねん。伏せてるいうことは、私がここに住んでるいうことは、親が住んでるいうことは隠してはる。向こうは完全に。表だっては絶対言わないけどね。もう娘、嫁に行った者は、皆、世間体、知ってはるから放り出すことできないでしょう（離婚させることはできない）。世間体があるから。／子どもを置いて出て行けなんては絶対、そういう世間体はね。向こう、あれやもん。だから放り出されるゆうことはないの。子どもは、孫はかわいい。

さらに、より複雑に恣意性が働いている事例を紹介しよう。この例では、部落外の親が、結婚の反対中に生まれた孫は部落出身であるとみなすが、結婚を容認した後に生まれた孫は部落出身とはみなしていない。同じカップルから生まれた子であるのに、生まれた時期で、部落出身かどうかを、一方的に決めている。

**【大阪　20代女性　部落出身　①二〇〇〇年】**

Tさんは、交際相手の親から結婚に反対されているときに妊娠した。彼氏の親は、その子を堕胎するよう要求した。

「お金出してあげるから堕ろし」って。「産んだらあかん」「籍入れたらあかん」って、もうさんざん言われて。それでももう、こっちは、むかついているし、「私生児でもいいから産みます」って言って。

彼は、両親と「縁切り」して、妻と生まれてくる子と暮らすことを選んだ。そして、第二子の妊娠がわかったとき、彼の両親から「かわいそうやから、入れ」と言われ、彼の親との同居がはじまった。だが、夫の両親は「籍入れていた子（結婚後に生まれた子ども）だから、いいということで」第二子だけを可愛がり、第一子の存在を無視しつづけた。そのことが彼女の精神状態を不安定にさせ、彼女は第二子を虐待するようになってしまった。夫は、やっと「『（妻が）虐待に走っているから、（第一子と第二子の扱いを）もう同じようにしてくれ』って。『部落の子も何も関係ないやろ』」と両親を説得するようになった。

以上、結婚の条件を付与することによって、親が達成しようとしている目的について考察してきた。

結婚の条件は、部落出身者を部落から断絶し、「脱部落化」するために要求される。だが、脱部落化の基準は、人によって異なり、恣意的であることが明らかになった。

ところで、部落外出身者の親は、条件を付与することで、部落出身者を「例外化」しようとしたり、「脱部落化」を試みたり、〝部落出身〟をめぐって、ずいぶん煩雑な行業をしているようにみえる。なぜ、人に「部落」のラベルを貼ってみたり、剝がそうとしてみたりするのだろうか。

それは、自分たちが部落を忌避していることを、合理化したいからではないだろうか。子の結婚相手である部落出身者から、部落出身者とみなされる要因を隠蔽するように強いたり、部落とのつながりを断絶させようとすることは、同時に、自分たちが持っている被差別部落に対する解釈を変更しないという主張も含んでいる。つまり、カップルが条件を受け入れることによって、親が部落を忌避しマイナスイメージを持ち続けていることも、同時に受け入れることになってしまう。親は、「脱部落化」を部落出身者の側に要求することによって、自らの部落にたいする忌避を維持し、正当化するのである。

ひるがえって、部落出身者にとっては、「脱部落化」は差別そのものである。なかには、条件を受け入れることに、さほど困難を感じない人もいるかもしれないが、部落解放運動を「仕事やと思ってやってへん」という栄さんのような人や、出身を隠すことを求めた彼に失望したWさんにとって、部落出身であることはアイデンティティの一部であり、「脱部落化」はかれらの存在を否定することになる。このように、部落の系譜・地域・職業が、その人のアイデンティティとなっている場合、条件付与は単なる条件ではなくなり、それは差別そのものであるといえるだろう。

## 5　もちこされる差別

カップルとしては、親が差別的であることをやめ、部落に対して理解を持ったうえで、結婚の容認や祝福をしてくれるのが理想だろう。だが、これまでみてきたように、結婚の容認を求める過程では、ひとまず容認を得ることが最重要課題なので、親が差別していることを指摘して対立を強めたり、親の認識を変えることに力を入れることは後回しになる。そして、部落差別をめぐる議論は先送りされてしまう。その結果、親の部落に対するマイナスイメージの維持に、カップルもいつの間にか、加担してしまうことになる。そして、このことが「結婚後差別」の萌芽となる。そのことについて、次章で事例をふまえて検討する。

最後に、この章で十分に検討できなかったが、結婚差別をめぐる過程で、しばしば説得を困難にさせる「病気」「体調不良」の問題について触れておきたい。

これまでみてきたように、反対と説得の応酬は、親の側にとってもカップルの側にとっても、感情的なやりとりが続くことから、肉体的にも精神的にも消耗が激しい。浪子さんの例でも、毎晩、泣きながら口論を続けていた。その結果、実際に体調不良が生じることがある。そのときに、「お母さんが病気になったのは、お前のせいだ」という非難も出てくるだろう。反対に、子の側が体調を崩してしまうこともあるだろう。

あるいは、意見の食い違う相手との対立の中で、自傷行為を行う場合がある。その場合も、そのような行為におよんだ責任を、相手に求めるであろう。実際に、過去の差別事件の記録を読むと、親の自傷行為や自殺未遂によって、結果的に「破談」している例が、しばしばみられる。

また、本章第4節で紹介した語り手の娘の事例にもみられたように、家族の「体調が悪いので、結婚は延期してほしい」というかたちで、結婚を巧みに避ける手段として利用されることもある。

「病気」「体調不良」は、実際になんらかの不調が生じている場合と、子を従わせるための詐病の場合、あるいは自傷行為によって自ら身体に傷をつける場合などがあるが、いずれにせよ、人の命や健康に関わることであるから、それに対抗するのは慎重にならざるをえない。

「病気」や「体調不良」を理由に、結婚を諦めるように迫られたとき、どうすればよいのだろうか。あるいは、自分たちの体調がすぐれなくなったときはどうすればよいのだろうか。

筆者は、結婚差別の相談を受けたとき、相談者から、実際に結婚差別を乗り越えたカップルに会ってみたいと、リクエストをされたことがある。そこで、二〇一二年の夏、相談者とともに大阪府南部に住むカップルにお話を伺った。相談の一環であったので録音はできなかったが、そのときにカップルが述べたことについて記しておきたい。

われわれのために話をしてくださったカップルは、親との交渉に疲弊してしまったとき、いちど問題から離れることを勧めてくれた人がいて、それが救いになったと述べていた。一般的に、結婚差別に悩むカップルには、乗り越えろ、がんばれ、負けるなというメッセージを送りがちだが、自分たちや親が体調不良に陥ったときは、ひとまず、結婚の交渉を休むという選択肢をとることもできる。一旦落ち着いてから、交渉を再開するのである。

ただ、それがあまり長引くと、結婚の機会を逃してしまうので、再開のタイミングを考えることも必要になるだろう。こじれた関係から、ひとまず距離をおくという戦略については、第10章でも詳しく述べる。

注

＊1 国立社会保障・人口問題研究所が二〇一三年におこなった「第5回全国家庭動向調査」では、「夫婦にとって双方の親、とくに母親は出産・子育てに対するサポートを得られる最も大きな資源であり、親が同居あるいは近居の場合にはサポートを受けやすい」として、親との同居・近居について調べている。いずれかの親と同居している人は31・3%、そのうち「どちらかの母親と同居」は28・3%であった。また、いずれの親とも同居していない妻では、妻方・夫方いずれか近い方の母親について、60分未満のところに住んでいるが72・2%だった。とくに、「親と別居する妻のうち、半数以上が30分未満の距離に夫または妻の母が住んでいる」。同居していなくても、親は比較的近い距離に住んでおり、子育て等のサポート資源として、期待されていることがわかる［国立社会保障・人口問題研究所 2014］。

＊2 この受講生コメントは、筆者が担当している大阪市立大学の共通教育科目である「現代の部落問題」の二〇一五年度講義のコメントである。なお、内容は意味が変わらない程度に要約をしている。

# 第9章　結婚後差別

## 1　家庭内での差別

前章の最後に述べたように、部落差別は結婚後に持ち越されることがある。結婚後に、家族の中で差別が続くのだ。これを「結婚後差別」という問題として捉えたい。結婚差別は、「結婚前差別」と「結婚後差別」とが連続した問題であると考えなければならない。

第2章「結婚差別はどのように分析されてきたか」で述べたことを思い出してほしい。見合い婚と、職縁あるいは恋愛婚とでは、後者のほうが結婚前差別に出会う機会は増大する。なぜなら、見合い婚では、部落出身者は見合いの候補には選ばれず、あらかじめ排除されるからである。しかし一方で、職縁・恋愛結婚の時代になって、部落出身者と部落外出身者が結婚している割合も増えたことも事実である。つまり、結婚前差別は受けたけれども、それを「乗り越えて」結婚した人が、数多くいると思われる。

結婚差別を受けた人の中には、親への説得を重ねる中で、差別的・忌避的な認識を改めさせた人もいるだろう。一方、親を変えることはひとまず諦めて、「脱部落化」の条件を受け入れて、結婚をした人もいるだろう。そのような場合、親は部落を差別・忌避するような言動をとり続けるかもしれないが、夫婦はそのような態度の親と、家族としてつき合っていかねばならない。

うちあけの段階で、結婚相手や家族に出身を告げなかった人の場合、結婚後に出身が明らかになって、結婚後差別がはじまることもある。

このような結婚後差別が、どのぐらいの頻度で起こっているのか、それを示す統計はない。ただ、部落における母子家庭の割合が高いのは、結婚差別との関連があるのではないかと考えられている。[*1] 結婚して故郷の部落を離れていった女性が、子どもを連れて戻って来たという語りは、聞き取り調査をする中で、筆者もしばしば出会ってきた。インフォーマントの若者たちは、結婚後差別が故郷に帰ってくる理由のひとつになっているのではないかと指摘している。

【近畿　20代男性　部落出身　③二〇一一年】

女性とかは、離婚して戻ってきたりとかも多いですし、一個、二個下の子は多かったですね。結婚したけど、何が理由か分からんけど、まあ、差別であったかもしれんし、（相手の家族と）合わんかったりもして、戻ってくるという子らも、何人かおったりして。

【近畿　20代男性　部落出身　③二〇一一年】

女の人で、一回結婚して出て行って、また子ども連れて、離婚して地域の中、戻って来るっていう人、非常に多いんですよ。そこの点では、だいたいそういう人ら見とって、比率が多いのは10代に結婚して、はよ家出たい、地域出たいって行って。［質問者：離婚した原因っていうのは、ひょっとしたら部落問題が絡んでるかもしれないでしょ］はいはいはいはい。絡んでるケースもあると思いますね。

結婚は、「結婚式」といったひとつの時点を示すものではなく、その後も続くプロセスであるのと同様、結婚差別も点ではなく、結婚前から結婚後まで起こりうる一連のプロセスである。結婚さえすれば、結婚差別を乗り越えたと言い切ることはできない。結婚後になんらかの問題が生じることもありうる。

## 2　「結婚後差別」のひとつのケース

結婚後差別を経験したUさんの事例をみてみよう。Uさんの結婚前の状況については、第4章「うちあけ」第2節「うちあけしなかったケース」で、すでに紹介している。

Uさんは、部落出身であることを相手に告げていない。その理由について、彼女は「つき合いだして、家のほう送ってきてもらったりとかするじゃないですか、それでやっぱりわかるでしょう。ビラ貼ってあったりとか、雰囲気でね。それは分かってたと思いますよ。口には出さなかったですけど」と語っている。

夫は、彼女の出身について、おそらく結婚前から知っていたが、お互いにそのことには触れずに結婚した。しかし、結婚後にトラブルが生じる。夫と夫側の親戚が、結婚式をめぐって不可解な行動をとるので、Uさんはいぶかしく思っていたが、のちにそれが部落差別であったことを知って、彼女はあるとき「爆発」した。

**【大阪　30代女性　部落出身　①二〇〇〇年】**

Uさんは、短大時代にアルバイト先で、のちに夫となる人に出会った。彼は、八年にわたる交際期間のなかで、Uさんが部落出身であることに気づいていたようだが、お互いにそのことについて触れることはなかった。結婚の際、彼の両親や親戚からの反対はなかった。ただ、かれらはUさんの身元を調べていた。偶然のことではあるが、Uさんの職場に、彼の親の知り合いがいた。彼の両親は、その知人に対し、Uさんについて「聞き合わせ」（身元調査）をおこなった。そのことを知って、Uさんは彼氏に対し、「聞きたいことがあるのなら、自分に聞いてくれたらいい」と抗議した。彼女は、部落出身であることを調べられたと思ったのだ。しかし、そのとき、双方から「部落」という言葉は出なかった。

そのようなことがあったが、結果として、ふたりは結婚に至った。結婚式は、Uさんたちの住む大阪で行われた。夫の側からの親族の出席は、ほとんどなかった。夫の親戚には高齢者が多く、郷里から出てくるのは大変だからという理由であった。Uさんは、親戚が参列しないことを、特に不審に思わなかった。

ところが、結婚後まもなく、夫の郷里の親戚に挨拶にいったとき、Uさんを驚かせる出来事が起こった。郷里の親戚が一同に料亭で待機しており、その場でいきなり披露宴がはじまったのである。つまり、Uさんには何の相談もなく、夫の親族だけを集めた二度目の結婚式が準備されていたのである。

で、まあ驚いたことは、そのときの紹介の仕方が、大阪で式を挙げたということを一切口には出してもらえませんでしたね。／で、帰る段になって、ちゃんと、大阪の方で引き出物みたいなのを全部用意してて。だから、変な話、二重ですよね。でも、結婚したばかりなんで、あまり言うのもあれやと思って、お腹もおっきかった（妊娠していた）ですし、そのまま、過ごしてきて。

その後も、夫とその両親の不可解な行動が続いた。そのことに不審感を抱き、あるとき、Uさんは夫に事情を説明するよう求めた。

（夫の）妹が結婚を大阪でするときに、私は当然ながら誰も来られないと思ってたんで、私のときがそうだったので。そしたら、その当日に、○○（夫の田舎）からバスを借り切って、かなりの人数の方が来られて。で、大阪にも親戚の方がおられて、かなり来られて。／そのときは「あぜん」と。私の結婚のときは何だったのっていう。そういう理由で、出席できないと言ってきてたのに、妹の結婚式に、（自分たちの結婚式から）半年たったときに、バスを借り切ってまで来る、それは何だったのかなと思って、かなりくやしい思いをしましたね。だから、帰ってから、それは主人には言いましたね。それはどういうことって。／まあ、そのときなんとなく、私もそれ以上の話はしなくて、終わってたんですけど。子どもが生まれて、喧嘩みたいなのがあって。そのときに、私がこのことを言ったときに、はじめて主人の口から、私らの結婚式のときに招待状は出さなかったと。

「なんで隠して招待状も出してくれてなくって、私の気持ちを考えてくれたのか」っていうのは、生まれてあんなに泣いたの初めてですね。うん。本当に声をあげて泣きましたね。爆発したんですね。［筆者：だれの反対だったんです？］結局、結婚をすると決まって、むこうの両親と主人とで、いろいろ話し合いしたみたいですね。たぶん、あちらの同和地域の話が中心だったと思うんですけど、うちの主人がいわくは、田舎にわかったら、主人も私も「かわいそう」やからということだったんですけども。「私は別に、かわいそうじゃない」と、「おたくのご両親は自分の息子だけが、かわいそうだったんだろ、私は別に、かわいそうじゃないよ」って言った。だから、「そこで私の名前を出すのは（筋が）違ってるやろ」って言って。結局、まあそういうことだったんです。田舎の方は、いまだに知りません、大阪で式あげたことは。（田舎には「披露宴」以来）私も行ってないし、主人も行ってないし、まあ父が三年前に亡くなったときぐらいです。

それぞれの親戚を別々に招き、結婚式を二度おこなった理由は、夫側の親戚にUさんが部落出身であることを知らせないためであった。義妹の結婚式のできごと以後、しばしばこの問題について夫婦間でコンフリクトが生じるようになった。[*2]

主人なんかはわりと忘れてる、「昔のこと言うて」みたいなところがあったりするけど、でもそれは実際に受けた者じゃないと分からないし、一生消えないよっていうのは、その時に言いました。

結婚前の身元調査にはじまり、突然の二度目の結婚式を経て、自分の結婚式に来なかった人々が義妹の結婚式には大挙して参列したことで、Uさんは夫が彼女の出身を隠そうとしていたと確信した。夫とその家族は、親戚に対して、Uさんの出身を「非告知」にしようとした。そして、親戚に告げなかったことを、Uさんに対して隠していた。夫と家族は、彼女の出身を非告知にすることが部落差別であるという認識があったから、Uさんにも黙っていたのだろう。

Uさんと夫が、部落問題について話し合う機会は、このようなコンフリクトが生じるよりもずっと前にあったはずである。だが、Uさんも、自分の出身について、明確に告知することを避けてしまっていた。夫も、彼女の出身を知りながら、そのことに触れるよりは、彼女に対しても親戚に対しても沈黙することを選んだ。だが、結婚後の生活の中で、彼女の出身を必死で隠そうとするあまり、不自然な行動が目立つようになり、沈黙はほころびをみせた。

夫とその両親が、親戚に対し出身を「非告知」にし、彼女を「脱部落化」しようとしていたことは、Uさんにとっては「本当に声をあげて泣きましたね。爆発したんですね」というほどの衝撃的なできごとだった。しかし、Uさんの夫はそのことについて「昔のこと言うて」と言い、「一生消えない」と述べるUさんとの認識の違いは大きい。Uさんの夫にとっては、これが差別であるとの認識は薄いようである。

以上、結婚後差別の一事例を詳しくとりあげた。次節以降では、結婚後差別について、いくつかの特徴に分類しながら、分析していきたい。

## 3　結婚後に出身が明らかになったケース

第4章「うちあけ」の第2節「うちあけしなかったケース」では、うちあけしなかった人の事例をみたが、出身を告げずに結婚した人は、結婚後も出身を告げるかどうか問われ続ける。なかには、出身を告げないことを、積極的に選んでいる人もいるだろう。一方で、出身を「告げられない」「隠している」と消極的に感じている人もいるだろう。Uさんの事例のように、うちあけはしていないが、夫は出身をおそらく知っているという、告知があったといえるのかどうか、曖昧な状況もある。

そして結婚後に、何かのきっかけがあって出身を告げる人もいるだろうし、また、うちあけるつもりはなかったのに、なんらかの理由で出身が明らかになってしまう場合もあるだろう。

次の事例は、結婚後に出身が明らかになったけれども、家族全員がそのことには触れずに暮らしているというものである。

**【大阪　70代女性　部落出身　①二〇〇〇年】**

この事例は、語り手の息子の結婚について、語り手夫婦が語ったものである。かれらの息子は、部落外出身の女性と結婚をしているが、出身についてはうちあけていない。

もうそんなん（息子の出身が）知れたら［夫：知れたらあかん、で、黙ってもらったんですよ。］［質問者：お嫁さんご自身も（夫の出身について）知らない？］そうですね。知りません。［夫：まあ、知らんわな。今さらそんなん言うてみたとてしゃあないしね。］

だが、語り手夫婦の住む被差別部落の近くに、息子夫婦が新居をかまえた。同じ町に住んでいれば、誰でも彼女らの住む地域が被差別部落であると分かるはずだという。しかし、息子の妻やその両親は、そのことについて何も触れずにつき合いを続けているという。

分かってると思います。向こうの親御さん、娘さんの近くに寄って来てますし、長男（結婚相手の兄弟）もP（新興住宅地の名前）にあれやから（新居を建てた）。［夫：知っとった思う。でも言わへん。］同じこの町で、大阪府P町ですやんか。だから、（息子の出身地が被差別部落であることは、妻も）分かってると思うけれども、もう今は言いません。うん。子供（彼女らの孫）も大きいですし。

おそらく、息子の妻やその親は、語り手夫婦が部落出身で部落に住んでいることを知っている。しかし、息子夫婦の結婚生活はすでに一定の期間が経過し、子どもも大きくなっているから、今さら何も言わないのだろうと語り手は考えている。

一方、結婚期間が長くても、出身が明らかになったことで、離婚を強いるような人も存在する。以下の2例では、結婚後差別によって離婚に至っている。

**【大阪　60代女性　部落出身　①二〇〇〇年】**

この例は、語り手の親戚が遭遇した結婚後差別の事例である。語り手自身も、部落差別によって、破談を経験したことがある。

彼女の親戚にあたる女性は、出身について告知せずに結婚した。結婚生活も長くなり、子どもたちも大きくなっていた。あるとき義弟（夫の弟）が、彼女の出身についてどこかで聞いてきて、夫に告げ口した。すると、夫の態度が豹変して、一方的に離婚をつきつけた。

私の兄嫁さんの妹さんも、長いこと、もう子どももふたりできてたのに、途中で弟さん（義弟）が、被差別部落の人間やいうこと言ったんでしょ、そしたら婿さん、態度変わってね。で、その妹さんもね、離縁されましたわ。で、子どもが二十歳までね、向こうは生活費だけ送るっていって。子どもさんふたりとも大きなってるのにね。だから、そういうことが次々あります。結婚っていうのに、こんなにね、まだまだ、みんな言いませんよ、口には出してはね。だけど、やっぱりあります。脈々と続きますね。

彼女の姪も、出身を告げずに結婚している。親戚の女性のようなことが起こらないか、心配でならない。

（姪は）二歳年下の男性と恋愛して、まあ行きました（結婚した）けれどもね、隠して行ってるから、どうなるんかなと、ちょっと心配してるんやけど、まあ行けるだけもう行けっていうかんじで。本人も、そういうことを別にして行ってますけどね、子どもができてますからね（妊娠先行型の結婚をした）。将来は、どうなるかは分かりませんけども、まあ、一応は結婚してるんやけども、そういうことが分かったらねえ。私らも心配なんですけどね。

## 【大阪　70代女性　部落出身　①二〇〇〇年】

語り手の夫は、中国地方出身の部落外の男性であった。結婚して七年ほどが過ぎた頃、夫から「お前『レンガ4つ』（被差別部落を示す隠語）違うか」と聞かれたことがあった。そのときは、彼女はその意味がわからなかった。部落解放運動に参加し、部落差別について勉強するなかで、『レンガ4つ』の意味を知った。そして「重大決心」をして、夫に自分が部落出身であることを告げた。

「私が部落民、『レンガ4つ』だったらどうする？」と。夫は「そう思った。空気がちがう」と。「子どもが小学校に上がったら（夫の）田舎に帰って欲しい、（夫の実家で同居してほしい、だがそのとき）部落とは絶対言わないで欲しい」（と夫に言われた）。／「私は部落の人間ではない、『レンガ4つ』ではないって通してくれ。死んでも通してくれ」と言われた。そんなことを言われて、五寸釘で刺されてる方がまし。

そしてその後、夫から差別的な発言も聞かれるようになる。例えば、「このムラ（被差別部落）を出て吸った空気はおいしい、このムラは生臭い」と言われた。また、部落解放運動に参加するたびに、つらく当たられた。彼女は、子どもが成人したら離婚すると決意した。

結婚のときに出身を告げないという選択は、うちあける機会を結婚後に持ち越すことになる。本人は告げないつもりでも、生活するなかで次第に明らかになっていったり、誰かに「暴かれる」場合もある。

最初の例のように、結婚後に出身が明らかになったとき、長い結婚生活という既成事実によって、そのことが問題にされないこともある。反対に、一方的に離婚をつきつけられる場合もある。また、3つ目の事例のように、差別発言などの仕打ちを受けて、自ら離婚を決意する場合もある。

結婚後に出身が明らかになったとき、結婚生活の長さは、結婚を継続するための要因となることもあれば、時間の長さとは無関係に差別的・忌避的態度がとられることもある。結婚生活の長さが、どのように作用するかは一概にはいえない。

## 4 「非告知」という条件の維持

先述のように、結婚とは、ある一時点を指すのではなく、プロセスである。したがって、結婚を認めるかわりに提示された「非告知」条件は、一時的なものではなく、継続的に作用する。結婚した後も、周囲に出身を隠し続けろという要求なのである。しかし、結婚生活はそのあと何十年も続くかもしれない。ほんとうに、周囲に告知しないまま過ごすことは可能なのだろうか。

次の事例は、夫とその家族が、親戚に対して妻の出身を隠そうとしたが、隠しきれそうにないので、結婚している事実そのものを偽った例である。非告知を維持しようとするあまり、生活のなかで嘘を重ねていかなければならなくなったのだ。

このCさんの例は、第4章第3節「うちあけしたケース」で、結婚するまでの過程はすでに紹介している。妻のCさんが、結婚前に出身についてうちあけたところ、夫は部落に親友がいるから「そやから俺は関係ない」と述べたので、彼女は「その言葉を信じて結婚した」。しかし、彼はCさんが部落出身であることを、もし父親に伝えたら「お父さんがすごい反対するから、『言わんとこ』」と判断して、親にはそのことを黙っていた。

【大阪　30代女性　部落出身　①二〇〇〇年】

Cさんの夫は、彼女が部落出身であることを、親には告げないことにした。だが、Cさんの出身について、夫の弟だけが、唯一知っていた。そしてその弟が、父親に「告げ口」した。妊娠中であったCさんは、夫の父親から妊娠中絶をして離婚するように迫られた。しかし、Cさんはそのような要求を拒否し出産した。そして、Cさん夫婦と子どもは、夫の家族と同居し続けていた。だが、夫と父親たちは、親戚に対して、Cさんと子どもの存在を秘密にしていた。Cさんには、そのことは知らされていなかった。

（夫が事業をはじめるために、親戚に）祝いをもらいに行くと言ったときに、私が「子どもの出産祝いももらっていないのに、なんでお祝いを、いちいちあんたが頭下げてもらいにいかなあかんの」って言ったら、「子ども生まれたこと、向こう知らんのに、祝いなんてもらえる訳ない」って言われて、それで分かったんですよ。隠されていたっていうことを。結婚したことすら隠されていたんですよ。親戚には。たぶんね。言っていないと思いますよ。

なんせ、一緒におって（夫の家族と一緒に住んでいて）子どもが産まれたということは、まわり知らんと。最後に分かったんですけどね。それまでに、だんだんやっぱり（気づいていたけれども）。いとこの結婚式に行くときも、「嫁はんは、みんな出ないから、お前はおれ」って言われたんですよ。（ところが夫の兄弟が）「兄貴、どこそこの嫁はん、結婚式でなんかしとったのう」って言いだしたんですよ。で、（親戚に対して隠されていることが）わかったんですよ。（結婚したと）言ってないんか、それとも別れたと言ったのかは、よくわからないんですよ。私も。そういう話だけを、聞いたから。なんせ、「知らない」と。子どもができたことも、結婚したことも知らないと。それは聞いた。

夫には部落出身の友人がいて、「『そやから俺は関係ない』って言った、その言葉を信じて結婚した」にもかかわらず、親戚にはCさんと結婚したことは完全に秘密にしていたのである。このことを知って、Cさんは離婚を決意した。

同様のケースは他にもある。結婚に反対する父親と「殴り合いになりかけ」たEさんの事例である。結果的に、部落出身の女性と結婚できたが、父親は親戚に対しては「結婚していない」ことにしていた。

【大阪　40代男性　部落外出身　①二〇〇〇年】

孫ができてから、もうね。（差別意識は）ちょっとずつ取れていったという。（ところが）お兄さんの結婚式は、披露宴だけよんでもらったんですけど、結婚してないということになっていたから。一番いやな思い出ですよね。未だに、わだかまりがある。

非告知を強いられることは、その人にとっては、自分の生い立ちや家族、アイデンティティを否定されることに等しい。しかし、非告知を強いる側は、相手の尊厳を否定する行為であると気づいていない。そして、Cさんの事例のように、出身の隠蔽が維持できなければ、結婚している事実そのものを隠し、存在すら否定されてしまう。部落出身であることを隠蔽し否定することは、いとも簡単に、その人の存在自体の隠蔽・否定に移行してしまう。

## 5　忌避の継続

これまで繰り返し述べてきたが、容認に転じた親は、必ずしも結婚差別したことを反省しているとは限らない。部落への忌避は、結婚後も弱まらずに続くこともある。結婚して家族になったけれども、家庭内で部落差別が生じるかもしれない。そのことによって、家族関係がうまく作れなかったり、親子関係が悪化するといったことが起こりうる。
第6章「カップルによる親の説得」の第3節「人柄」で紹介したFさんの、結婚後の親子関係についての語りである。

## 【大阪　30代女性　部落外出身　①二〇〇〇年】

Fさんは、父親から部落出身者との交際はいいが「結婚はあかんで」と言われ続けていた。Fさんは、部落出身者との結婚の意志を固めたとき、父親を居酒屋に誘い出し説得を試みた。父親は、それを聞いて「ぼろぼろぼろぼろ、泣いてしまって。しばらく泣いてから、『どうしていいか、わからへん』」と述べた。

その後、父親は「自分の気持ちを整理するために、誰か（仲介に）入ってほしい」とFさんに提案した。そして、「父も信頼してた（Fさんの恩師である高校時代の）先生がいて、その先生に間に入ってもらえないか」と依頼した。つまり、父親は結婚を容認するつもりであったが、自分ひとりでは決心することができなかったのである。だが、父親は一度結婚の容認を決めた後は、親戚の説得役も担ってくれた。

その前に、あたしの知らないところでも、親戚と父とのやりとりはあったようなんですけど。で、そこはもう、父は、認めたのだから、父は「盾になってやる」、って。結婚が決まったときは、そういうふうに、父がやってくれたんですね。

しかし、結婚を容認し、Fさん夫婦や子どもたちとも交際をしていた父親であったが、Fさん夫婦の部落内の新居には絶対に足を踏み入れなかった。

父はね、保育所がムラ（被差別部落）の中にあるから、保育所の行事とかには見に来てくれるんですけど。／家には全然あがってくれなくて、近くにいてても、公衆電話で電話してくるんですよ。何がそこまで（の忌避感を）、持たせているんか、よくわからへんけどね。それは聞いても言わへんし。

父親は、娘の結婚を容認し、娘夫婦と交流もしている。だが、部落の新居に足を踏み入れようとはしなかった。

部落出身者と結婚はしても、部落という場所を忌避する例は、他にもあった。第4章「うちあけ」の第3節「うちあけしたケース」のXさんの例をもう一度振り返る。部落出身のXさんと結婚した夫であったが、部落に居住することを拒んだ。

**【大阪　30代女性　部落出身　①二〇〇〇年】**

結婚後に、Xさんの故郷である部落の団地に入居できることになった。しかし、夫は部落への転入を拒んだ。それでも、Xさんは幼い子どもを連れて、団地に入居した。夫が転入を受け入れるまでの半年間、別居して暮らした。彼女は、夫の恩師に間に入ってもらい、説得してもらった。

（別居して半年ほど経過して）子どもがやっぱりお父さんと暮らしたい、やっぱり小さかったから、3歳かそこらでしょ。やっぱりお父さんがええいうて、で、話し合って。（夫の知人の教員から）怒ってもらって、学校の先生やって言ってたね、ちょっと知ってる、J（大阪府下の地名）の人で、知ってる先生やって、大分怒られたらしい、向こうで。「お前はちゃんと、嫁さんもらうときに（Xさんの出身について）ちゃんと聞いたはずやし、（部落差別をする）お前の考えは間違ってるぞ」って怒られたらしいです。それで、自分が反省したみたい。

このふたつの事例は、部落内に足を踏み入れたり住んだりすることを、家族が避けるという例であった。

また、「脱部落化」のために、部落出身者に部落に近づくことを禁じるという例もある。例えば、第8章「結婚差別では何が争われているのか」の第4節「『脱部落化』と『忌避の合理化』」で紹介した事例である。語り手の娘の義母は、「嫁」が部落にある実家と交流することを禁じた。「（娘夫婦と義父母が）同居してからいうのは、全然だから、行き来してもらいたくないんやろ思うよ。向こうは。私がここに住んでるいうだけで嫌なんでしょ」という。彼女は、孫に一度も会ったことがない。

さらに、右の例と同じ節で紹介したTさんの事例のように、結婚後も続く忌避が原因となって、ドメスティック・バイオレンスに至ったケースもある。

**【大阪　20代女性　部落出身　①二〇〇〇年】**

Tさんは、部落外出身の男性との結婚を、男性の両親に反対された。男性は両親と「縁切り」し、Tさんとふたりで結婚生活を始めた。その後、第二子の出産を機に、夫の両親から「かわいそうやから、入れ」と言われ、同居をはじめた。しかし、同居後も夫の両親の差別発言は絶えなかった。そして、夫まで差別発言をおこなうようになる。

差別発言みたいなこともするんですよね。「部落民のくせに」とか。なんか、こないだも言われたんですよ。真剣に喧嘩してて。で、マジにきれちゃって、私が。カッてきて。（Tさんの母親も、部落外出身の父親から同じように差別発言を受けていたので）「うちのお母さんをこれ以上傷つけるな」、みたいな感じのところがあるんですよ。だから、結構ひどいことを言われたりしたら、があって言い返したりして、それがもとで喧嘩、大喧嘩したり。

差別発言を聞くたびに、部落外出身の父親から差別発言を受けていた部落出身の母親のことを思いだし、夫に強く反発するが、逆に夫の態度も頑なになり、夫から暴力を振るわれることも度々あるという。

部落出身者への忌避が原因でドメスティック・バイオレンスが起きるのか、ドメスティック・バイオレンスのなかで部落差別が利用されるのか、因果関係について説明することは難しい。いずれにせよ、部落出身者と結婚しているにもかかわらず、結婚相手が部落への忌避を表出することもあるのだ。

これまで述べてきたように、結婚前差別を「乗り越える」とき、部落問題について話し合うことを避けたり、脱部落化を受け入れたりして結婚に至る場合があるが、それは親の差別・忌避がなくなったということを意味しない。結婚前差別の段階では、とりあえず結婚をして、その後、部落への偏見や忌避感を取り除いていけばよいと考えるかもしれない。しかし、すでに述べたように、容認の条件には、親が偏見や忌避を改めないという主張が含意されている。そのことが、結婚後の家族関係の不安定さを生み出すのだ。

## 6　親の態度変容の可能性

一方、結婚後の家族関係が良好に保たれ、差別していた親が部落を身近に感じるようになったり、部落問題に関心を抱いたりするなど、部落外出身の家族に変化がみられる場合もある。

浪子さんの母親も、部落に対する認識が大きく変わったひとりである。浪子さんと栄さんは、家族のなかで、部落に関してオープンに話すようにしていた。例えば、浪子さんらの子どもの将来についても、常に夫婦で話し合っている。

上の子は何年かすれば、（結婚差別は）ありうることなんでね。そのときにやっぱり、部落差別を受けたときにどういうふうに対処しようとか、息子がこの部落に住むのが嫌とかね、いうことになったら、どういうふうに対応しようとか、そういうことは少し主人と話をしたりとかしますね。（A－18）

彼女の母親も、部落への認識を変えていった。浪子さんは、母親について次のように述べている。

母親も、まだまだ意識が薄くって（問題意識が低いので）すごい差別用語とか出てきたら、その度に「お母さん、それはね」って言われて（指摘されるので）、だいぶ意識の中身もすごい変わってきてくれ、「言うたらあかんねんやなあ」とか言ったりとかしてはるんで、ずいぶん変わってくれたかなっとは思いますね。今は部落やからどうやこうや、そいういう意識はもうないです。そりゃあ、自分の孫が差別されるっていうのがすごく嫌なんで、そのへんがちょっと心配かなみたいな。（A－15）

浪子さんは、母親が部落への認識を改めた大きな要因は、孫であると考えている。母親は、「子どもは生まない」という条件を出していたが、その条件へのこだわりは解けたのだろうか。

結婚してからはもう、そんなに反対っていうのはなく、両親たち、特に母親とかは、もうこっち（部落内にある住居）に遊びにきたりとか、してくれるようにすごくなりました。／「子どもはいらないよ」って言っててんけど、やっぱり私ひとり（っ子）なんで、初めての孫なんで、すごくかわいかったみたいで、その時はやっぱりころっと変わったかなと思うんです。（A-16）

母親に変わってもらおうとするだけでなく、浪子さん自身も、部落問題を学ぶ努力をした。彼女は、公務員として部落内にある公共施設に勤めていたので、部落問題や人権問題の研修を受ける機会があった。

狭山（事件）のこと勉強したりとか、石川さんのこと勉強したりとか、また環境のこと勉強したりとか、あと民族のことを勉強したりとか、従軍慰安婦の問題とかね、いろんな人権問題を毎月勉強してるんですよ。（A-17）

浪子さんの事例からは、結婚後に家族のなかで部落問題について話し合うことが、親の態度変容を促すきっかけになることを示している。また、そのことが家族関係の安定化をもたらすともいえる。また、「子どもをつくるな」という条件を出していた母親であるが、むしろ孫の存在は、家族関係を良好にさせている。

他にも、結婚後に親の態度が変化した例を、いくつか紹介する。

**【近畿　30代男性　部落外出身　②一九九八年】**

この男性は、妻とは高校の同級生であった。「自分の彼女がムラ（被差別部落）の子やっていう、K（部落の地名）の子やっていうのは俺自身あったから、その中でもっと、もっと、Kのことを知っとかな」と思ったという。彼の親は、部落出身である彼女との交際を快く思っていなかった。

（彼女が遊びに）きてる時には（親の態度は）普通やねんね。で、帰るでしょ。遅なったら、僕、送るやんか。で、帰ってきてから、「あんまり、もう、あれつき合いしなや（するな）」みたいな感じ。うん、それはもう嫁さんには言わへん。［聞き手：ああ。面とむかってはねえ］そうそう。

結婚を決意したとき、彼の両親は結婚に反対し、口論の末、彼は家を飛び出して彼女の家に向かった。

彼女の家族には、両親と「縁切り」してきたとうちあけた。彼女の母親はそれをたしなめ、彼の親に連絡を取った。そして、双方の家族で話し合いを持つことを決めた。話し合いの末、両親は渋々ではあるが結婚を容認する。

説得に際して、彼らには強い味方がいた。彼の姉であった。もし、姉までもが反対していたら、結婚は諦めていたかもしれないという。

姉ちゃん自身も、そういう意味では（「やんちゃ」仲間として）ムラの子と関わってたから、そういう意味では理解あったから。／俺が姉ちゃんに言って、姉ちゃんがまるまる反対してたらねえ、また俺自身どうなったかわからへんし。／（姉は）だから、別にムラの人であろうが関係なしに、全然、普通に接してくれるから、そういう意味ではうちの姉ちゃんにいろんな相談も（妻が）してたわ。

しかし、親が容認した理由は、「Z家にもらう子やからみたいなね。だから結婚してZ家の方に来てもらって。部落からは切ったらええわってって思ったんでしょう」というものであった。つまり、彼女が「嫁」に来ることで、部落との関係を断ち切ることができると考えたのであり、部落への認識を変えたからではなかった。

そのような親であるから、夫婦が子どもの小学校入学を機に部落内に転居したとたんに、会いに来なくなった。だが彼は、「子ども（孫）の顔、見たかったら来い」と強い態度に出た。

こっちに入りだした途端に、来えへんくなった、親が。それまでは、しょっちゅう来てたんやけど。「なーんや、また来てるんか」みたいな感じやったから。極端に来んくなったからねえ。／こっちも意地になって行かへんねん。で、電話がかかってくるねん。「いっこも顔出さへんねん（全然来てくれない）」って。「子どもは」（と聞かれるので）、「子どもの顔みたかったら来い」言うて。

ところで、彼の両親は、どのように部落をみていたのだろうか。母親の故郷には、小数点在型の部落があった。少数点在型とは、ひとつの市町村に、世帯数が数世帯から十数世帯程度の小さな部落がいくつも点在しているという状態を示す。母親は、親から部落の子とは「遊んだらあかん」「恐いんやからな」と言われてきた。親が厳しかったので言いつけを守っていたが、「なんで恐い」のか、なぜ避けるべきなのかは、母親自身、その理由を述べることはできない。父親も、「実体験」から強固に部落を忌避していたという。

結婚後も、この男性は部落問題について学び、親に伝えることを諦めなかった。ようやく、最近になって、部落問題について父親と議論できるようになった。また、親の態度の変化には、孫の影響もあるという。

お父ちゃんも年くってきたし。俺自身もね。まあ、俺もいろんなとこ話聞きに行ってたりするから、逆に（言い）返せること、知識が出てくるから。そういう意味では逆に話、聞いたりできるかな。

（孫が）「おばあちゃん、俺、部落研の会長やねん」て言うてんねんや。上の子がね。「なんやの。その部落研って」（と、母親がいう）。「部落問題研究会やで。それの会長してんねん」って。「へえ」みたいな感じで言うてるけどね。だからそんなん、孫から逆に、むしろ息子からよりも、孫から聞いてるから。それなりに一生懸命やってる姿っていうか。やっぱり、お母ちゃんが見てるから。そういう意味でどっか変わってきてるね。

**【九州　40代女性　部落外出身　③二〇一一年】**

この語り手は部落外の出身である。彼女の両親は居酒屋をしており、店には近隣の被差別部落の客も多かった。夫となる人は、その客のうちのひとりだった。彼女の「最初の印象的には、私的には怖かったですね、すごい大きな声出されるし、荒い言葉を使われるし」と、彼に対する印象は悪かった。しかし、次第に「この人、よいな」と思うようになり、一年もしないうちに結婚を決意した。

結婚しよっかってなって（決めたとき）、うちの両親が反対して、身内も全部反対して。／（部落解放同盟の府県連の）委員長に仲人をしてもらったんですけど、ただ、やっぱりちょっと（間に）入ってもらったり（して説得してもらった）とか。母方の方が全員教師なんですよ。母方の身内が（教師であるにもかかわらず）、「え、その同和地区の人はいかんって言う？」と思いながら（思ったけれども）、（親戚の人々の部落に対する）不信感はやっぱりありましたし。「身内にそういうのがおったら」みたいな。連れ合いがずっとうちの実家に足運んで、ひとりで地区の話をずっとして、自分たちは悪くないっていう、「怖くもないです、団体で来たりしません」（という話をして）、ずっと、延々、ずっと来て（説得を続けた）。

叔父のひとりが、二人を応援してくれて、彼女の両親の説得に加わってくれた。その協力もあって、結婚することができた。だが、彼女らの家庭に問題が生じるたびに、夫が部落出身であることが、その問題の原因であるかのように言われた。また、法事に夫を同伴してはいけないと言われた。

ただ、結婚して、子どもができて生活する上で、主人がしょっちゅう仕事が変わるんですよ、辞めたり続かなかったりとかいう状況がある中で、実家の両親が「ほら見なさい」って感じがあったのですが、私は子ども二人で（夫婦と子ども二人の）生活も支えてはもらったんですよね、実家の両親には。／法事ごとがあっても、連れ合いを連れてくるなっていう条件もありましたし、「みっともないけ」とか言って、やっぱ、つれあいもわかってるので行かないですよね、あえて。

しかし、親も次第に変わっていた。結婚後一〇年以上が経って、ついに、父は法事の席で「跡取りの、長女の婿」として夫を扱った。彼女は「え、どうしたん?」と驚いた。父親もこだわりを捨てたのだ。

父は「そんなとこまでこだわる必要はもうない」って、この頃は言います、やっぱりこだわって嫌な思いするのは(父親も、嫌だから)。お父さんも好きだし、お母さんも好きだし、孫も好きだしっていうふうになりたいからっていうふうに、折れましたね、初めてですね。

「折れた」後、自分がなぜ部落を差別するのか、父親は酒の席でうちあけた。彼女の実家はかつて遊郭のあった地域内にあり、父が子どもの頃、部落の子どもたちから「女郎屋」といわれ、「『俺のとこは同和だけですんどるけど、お前のとこはもっと下やね』みたいな感じで、よくいじめられてたっていうのをポロっと言っ」た。お互いを差別しあい、自分も傷ついていたのだった。だが、父は子どもの頃の体験にこだわっていては、娘夫婦や孫といつまでも仲良くできないと考え、70歳を過ぎてから変わろうとしたのだった。

## 7　家族関係の安定と不安定

結婚前差別を乗り越えるとき、カップルは部落問題について語ることを避けたり、脱部落化の条件を受け入れたりすることによって、結婚後に問題が持ち越されてしまうことがある。そのことによって、家族関係の不安定が生まれることがある。その一方で、親が態度を変容させることもあり、それに伴って家族関係が改善されたり安定したりする場合もある。

家族関係が安定した事例をみると、家庭内で部落問題をきちんと語ることや、部落に住む夫婦のもとに親が通うこと、「部落出身者」である孫と交流することなどが、親の部落への認識を変えていく要因となっていることがわかる。

部落への理解を深めたり、結婚相手以外の部落出身者と知り合い機会が増えることによって、「例外化」の対象が拡大したり、そもそも例外化をする必要がないことを知り、例外化は無効化されるのだろう。

直接、部落の知り合いが増えなくても、話題として部落のポジティブな面を知ったり、部落の人々の活躍を知ることも、部落への認識を変えるきっかけになるだろう。交友関係において、「友達の友達」といった「拡張接触」することが、偏見の低減に寄与するといわれている［Brown 1995］［高 2015］。

ただ、これまでに紹介した事例でも、かたくなに部落を忌避し続ける人もいた。家庭の中で、部落問題について話題にすることを許さない親もいれば、部落問題に触れるけれども、差別的な分脈でしか扱わないという人もいるだろう。また、親だけでなく、夫あるいは妻自身も、実は部落に対して偏見や忌避感を抱いていたことが、後になってわかることもあるだろう。関係改善のための強力な存在である孫との面会さえも拒否する親もいる。したがって、親の拒否があまりにも強固なため、安定化のためのきっかけを作ること自体が困難な場合もあるということは、つけ加えておきたい。

注

＊1　部落出身女性が、結婚差別によってひとり親になる状況については、［神原 2014］を参照。

＊2　夫婦間コンフリクトとは、「夫婦間において、双方の期待が両立困難となり、夫婦の一方または双方が、自己の期待充足を妨げる相手（および相手の何らかの属性）を拒否・否定しようとする潜在的・顕在的な対立過程」である［神原 2004a、2004b］。

とくに結婚問題では、こういうふうに対応しましょうというマニュアルはまったく作ってないんですよ。だから、自分の経験のなかで動く以外に何もなくて。ケース・バイ・ケース、全部が違っている。ただし、話だけ聞いて帰すってことは絶対しない。

ある程度ハウツーもので、ほかの人たちに残していかなければいけないかもしれない。だけど、やっぱり結婚問題とかは、ハウツーじゃないなあ。自分にとっての部落をどう「自覚」していくのかという大切な取り組みがあるんです。

自分のそばに、結婚差別を受けて苦しんでいる人がいる。そのとき私たちは、その人の人生がうまくいってほしいと願ったり、何かしてあげたいという気持ちになるだろう。しかし、私たちに何ができるのだろうか。残念ながら、結婚差別が一挙に解消するような方法はないし、解決マニュアルが存在するわけでもない。

これまでに挙げた例からもわかるように、そもそも結婚差別に悩む人が置かれている状況は多様なので、単一の解決方法などないだろう。誰がどのような理由で反対しているのか、反対する人の忌避感がどのぐらい強いのか、カップルが経済的に自立しているのか、日常的な親子関係は良好だったのか、双方がどういった「解決」を望んでいるのか、子がいわゆる「跡継ぎ」として期待されているのかどうか、部落問題以外にも反対されている理由があるのかなど、無数にある条件の組み合わせから、一つひとつの事案が成り立っている。

しかし、結婚差別を解消する方法を提示できなくても、その手がかりだけでも知りたくはないだろうか。相談を受けたり、支援をしたいと感じている人は、なにを目指せばよいのだろうか。結婚差別を受けて誰かに相談した経験のある人や、差別を乗り越えるためのサポート経験のある人への聞き取りから、支援のヒントをつかんでみたい。

聞き取りを行ったのは以下の人々である。差別を乗り越えるサポートについては、大阪で一九九八年から支援をしている kakekomi 寺の大賀喜子さんと、長野で支援をしているNPO法人「人権センターながの」の高橋典男さんにお話を伺った。本章の冒頭の語りは、高橋さんの聞き取りから引用したものである。

自らの結婚差別体験を語ってくれたのは、大阪・箕面の井上勉さんである。*1 また、過去に kakekomi 寺に相談をした女性二名に聞き取りをおこない、結婚差別を受けた当時のことを振り返ってもらった。関西地方の山本さんと、東海地方の住井さん（ともに仮名）にお話を伺った。筆者は、二〇一〇年ごろから kakekomi 寺のメンバーになり、住井さんの結婚差別問題の相談に関わった。

これらの調査は、筆者がひとりでおこなったものと、大賀喜子さんが同行したものがある。これらの調査を、⑤「結婚差別支援に関する調査」としている。さらに、筆者もメンバーである部落解放・人権研究所「差別禁止法研究会」部落問題班が二〇一五年におこなった調査のなかで、結婚差別に関する体験が語られた部分を補足的に引用している。

## 1 親との関係をどう考えるか

すでに述べたように、結婚差別問題の多くは、恋人間の問題というよりは、部落外の親の反対によって生じる。したがって、結婚差別の相談で中心的な話題となるのは、「親にどう対処するか」である。第6章「カップルによる親の説得」の第4節「既成事実をつくる」や第5節「『縁切り』をする・ほのめかす」で述べたように、必ずしも親の容認がなければ結婚ができないわけではないが、多くのカップルは、ひとまず説得を試みる。説得の末、縁切りを選ぶことはあるが、最初からあっさりとそれを選ぶことは稀である。問題が起こった当初、反対をする親にどう対処したらいいのか、どう説得すればいいのか、とまどう人がほとんどであろう。

親が反対している状況において、かれらを見守る周囲の人々は、何ができるだろうか。親をとことん説得しろと、カップルを励ませばよいのだろうか。聞き取り調査から考えていこう。

大阪の井上勉さんは、自身の結婚差別の経験から、親の説得は優先すべきことではないと考えている。

彼が結婚差別問題に直面したのは、一九七〇年代のことである。彼女の親から結婚に反対され、粘り強い説得を続けたけれども、結婚をめぐって彼女の家族は揉め事が絶えなくなり、口論の途中に父親が突発的に自死しようとする事態がおこり、やむなく説得をあきらめて、彼女は家を出た。そのような自身の経験もあって、親を説得せよとアドバイスすることで、カップルに「しんどい」思いばかりさせるよりも、先に結婚してしまったらよいと考えている。

井上　差別を受けることでマイナスから出発するっていうね。そこって、ものすごいハンディやし、しんどいことであったり、自分たちがこれから作っていく関係性が、差別によって縛られるということになるんやったらね、ものすごい不幸なことやなと思うので、差別はない方がいいに決まっているので、とりあえずは、結婚するっていうことを言うてきた子には、「がんばれ」じゃなくて、結婚できる努力をどうアドバイスするのかというのが、一つ大事なことだと思うんですね。そんなしんどい思いを超えさせるんじゃなくて、結婚してから超えればいいこともあると思うので。

——なるほど。

井上　結婚してから、相手の親を説得することだってあり得るし、また理不尽なことも起こるわけなんで、結婚する前に努力することも大事やけども、それは人によってはしなくてもいい。まず結婚して、それからお互いのことを知る中のひとつに、部落があるわけやから。今までは（従来の解放運動の発想としては）そうではなくって、部落をどう受け止めるのかから、どうしても解放運動って（は）出発するから、差別を前提にやっぱり語るんですよね。
「人権センターながの」の高橋も、説得よりもふたりの生活を優先するという方針をとっている。親の説得にエネルギーを費やすよりも、他にすべきことはあるという。

高橋　「理解」してもらうなんて最初から思っていません。「反対するならしとけ」、だけど「これ以上二人の邪魔はするな」と。とりあえず反対による二人への直接的影響を止めるけど、二人がしっかりして、生活しようと思っていたらそれでいい、そこからの取り組み。

家を出ることで、一時的に親とは関係が切れるかもしれないが、長期的な展望を考えると、親子の縁はむしろ切りたくても簡単に切れないというのが実情であるという。

――「まず、家出ろ」ってときに、悩んでる子の中には、親と縁が切りたくないけども結婚したいって揺れてる人っていますよね。「でも、親が、親が」って、ぐずぐずいう子はどうしたらいいですか。
高橋　だから、いくら親が縁切るって言っても、縁は切れないんだからいいんだって、俺は言うの。
――なるほどねえ。
高橋　必ず俺が言うようにしているのは、「距離をおかなきゃダメだ」と言うんです。体も心もボロボロになっちゃう。まずは、自分たちの命を守らなきゃダメだから。経験上、二人だけで頑張ろうとすると、身体壊したり、最終的には別れてしまう。だから、「あたり前のように一緒になればいい」と言う。命を守るのが第一で、もうひとつは、「ちょっと距離をおくことで、相手（親）に考えさせる時間を与えなきゃだめだぞ」と言う。そして、「二人には乗り越えなければならない壁なんかない。乗り越えなくてはならないのは、差別している側だ。頑張らなくてはいけないのはお前たちじゃなくて、差別している側だから」（と言う）。

――うんうん。

高橋　二人はあたり前に一緒になればいい。好き同士なんだからそれでいい。「いつかはわかってくれる」なんて思うな。決めるのは二人だから。そんな生き方（進め方）が途中でちょっと違うかなと思ったら、そこからやり直せばいい。どこからでも引き返せるからって言うんです。

結婚差別をめぐる家族内のコンフリクトでは、反対する方も説得する方も、心身ともに疲弊してしまう。そのような膠着状態から脱するためにも、家を出て距離をとるのは、悪いことではないという。また、第6章でも述べたように、カップルが強い結婚の意思をみせることが、親の容認を引き出すきっかけになることもある。

――確かに、聞き取りなんかもしてきた中で、結婚してる人って、どっかで親と決別して、「私は出た方がいい」って、決意をみせた人が結婚してますよね。

高橋　そこを後押ししてやればいいだけだと思う。「大丈夫だから、いつでも会えるし」と。（そうアドバイスすると）本人たちが、けっこう楽だよね。

——なるほど。

高橋　この子たち（ある相談者）は、ほんとあっさりしていた。この二人は「そうか、なに悩んでたんだろう」、「うち出ればいいじゃん」と。二人の意思でいいんだ、気が楽になったって、あとで言ってたね。

kakekomi 寺に相談をした東海地方の住井さんも、説得を一時的にあきらめて、家を出た。そして、改めて家族会議を開いて、そこで結婚への強い意思を示したことが、父親の容認を引き出したという。

住井　うーん、やっぱり、「彼と一緒になる、絶対なる」っていう気持ちがあれば、たぶんやってけると思うし。

——お父さんが折れたのも、結局はそこやったんですよね。

住井　そうですね。うちのダンナも、高卒なんで、そこも嫌みたいで。せっかく（娘を）大学まで出せたのにっていう、うん。そうですね。

——親の理想みたいなのが、あるんやろなっていうのがね。

住井　そうですね、「その人しかダメ」っていう、「とにかく絶対この人しか、ダメだ」っていうのが見せたら、仕方ないっていうか、親も、っていうところが。どうにも、いくらやっても言っても無理だし、っていうとこ。

以上の3つの語りからは、場合によっては説得から撤退することで、新たな展望が開かれる可能性がありうることがわかる。説得の途中、双方が精神的に疲弊してしまったり、膠着状態に陥って話し合いが前に進まなくなったとき、思い切って先に結婚生活を始め、説得はその後に試みることもできるのだ。むしろ、親と距離を取ることで、話し合いの余地が生まれるなど、説得の可能性が高まることもある。

もちろん、親の「祝福」を得た上での結婚という順序にこだわる人もいるかもしれない。それを「正しい」結婚のあり方だと考えている人も少なくないだろう。支援する人の中にも、そのように考える人がいるかもしれない。

しかし、先にも述べたように、親の「祝福」を得なければ結婚できないというのは、ある種の思い込みであり、そのようなこだわりを解きほぐす中から解決策が浮かぶ場合もある。三例の語り手とも、親の「祝福」が必要ないとは言っていない。祝福と結婚の「順番を変える」という提案もありうるのではないか。

## 2　支援の多様性を

ところで、結婚差別に悩むカップルは、人に話を聞いてもらいたくなったとき、誰のもとを訪れるのだろうか。部落解放運動に関わりある人なら、地元の運動団体に行くかもしれないし、行政関係の人権相談の存在が思い浮かぶかもしれない。しかし、結婚の問題は私的な領域に属することがらなので、運動団体や人権相談という、ある種の公的な場での相談に抵抗を感じる人もいる。比較的、運動や行政に関わりの深い人でさえ、結婚の問題のときは、一歩を踏み出しにくいと言われている。

人権ＮＰＯ団体と部落解放運動の両方に関わっている高橋の感覚では、特に解放運動のほうには、あまり相談が来ないという。来たとしても、結婚の見込みがなくなって修復不可能になってからが多いそうだ。

高橋　たぶん長野だけではないと思うが、現在進行形で運動団体に相談をかけるっていうのは、ほとんどないと思う。

井上も、地元の状況を思い返すと、運動団体支部への相談には抵抗のある人が多いという実感があった。

井上　うちの地元でも、いろいろ相談があるときに、支部役員の家なのに、（相談者が）来はってね、「支部には言わんといてくれ」と。支部には言わんといてくれという但し書きで、いつも相談に来るという話を聞いていたからね。ほやから、もっと多様ないろんな選択肢が（必要で）、普通の人はそういうふうに（支部には言いたくないと）考えてはるねんなあということも、痛いほどよくわかってましたからね。

運動の役員のところに相談しに来るけれど、それはあくまで個人の関係性に基づいたものなのだ。つまり、運動団体に相談することへの抵抗というのは、運動団体やその成員を信頼していないという意味ではなく、結婚の問題は私的な領域でとどめておきたいことがらなので、公的な団体への相談によって公の「事件」に発展してしまわないだろうかと、相談者は心配しているのである。一般的に、人権に関する相談は、被害者がどうしたいかを第一におき、周囲が勝手に動かないというのが原則である。人権相談を受ける諸機関は、いきなり公的な問題にならないこと、まずは相談を聞くだけであること、安心して相談できる場であることを、より積極的にアピールしていってもよいのではないだろうか。

それでもやはり、公的な窓口ではないところに相談したいという人もいるだろう。kakekomi寺の大賀も、相談先の選択肢が必要だと述べる。彼女がkakekomi寺をはじめた理由は、彼女自身も運動団体のメンバーでありながら、運動とは違うかたちでの支援の必要を感じたからだ。

大賀　（八〇年代に）はじめてやった（関わった）ケースですね。ほやから私ね、その女性（結婚差別による婚約破棄に対する民事訴訟の原告）で学んですわ。「ああそうか、糾弾いうのは、一銭も取れへんなあ」と。で、両者に心の傷を残すだけやなあと。裁判という手もあるんだなと。さまざまな手があるんだないうことを、彼女から、当時は仮名で宮津さんと名乗っておられましたけどね。*2

差別した人を糾弾するだけでは、復縁も望めないし、賠償も受けられない。とはいえ、民事訴訟をしたところで、結婚差別で受けた被害は、賠償金という金銭に換算されてしまうだけだという思いもあった。

また、糾弾にしても民事訴訟にしても、被害者救済の視点は弱かった。大賀は、被害者を中心に据えた活動が必要だと感じた。もちろん、被害者が糾弾を望むのであれば、それが被害者救済になる場合もありうる。

大賀　だから、まあそういう中で、今まで、部落解放運動いうんかな、まあその前の部落委員会、あるいは水平社も、糾弾一点張りだったでしょ。もう、それはいかがなものかと。はい。そういうふうに思いましたね。だから、多様なやり方、やっぱり、その当事者に寄り添いながら、その思いを受け止めながら、やるいうのかな。だから、だいたい相談があれば、よくお話を聞いて、あくまでもこちらが「ああしなさい、こうしなさい」ではなくって、当事者に寄り添いながら。で、解決していくいうのかな。

このようにして、同和教育に携わってきた中学や高校の教員を集めて、kakekomi寺が結成された。この節で紹介した長野の高橋、大阪の井上、kakekomi寺の大賀の三名は、部落解放運動団体のメンバーでもある。彼らは、部落解放運動として結婚差別に対応しなければならないと考える一方で、それ以外の選択肢を用意することが必要だとも考えている。被害者が裁判を望む場合は、裁判支援も選択肢のひとつになるだろう。その一方で、個人として、ただ話に耳を傾けるという支援もあるだろう。精神的なケアを求めて、医療につなぐ必要が生じることもある。

支援を求める人のニーズにあわせて、可能な限り選択肢を増やすことも、支援者の課題である。

### 3　耳を傾けて、本人が決める

では、支援の場では、具体的に何が行われているのだろうか。二〇年前以上前、kakekomi寺の大賀に相談をした山本さんという女性（仮名）は、次のように語っている。

山本　藁にもすがるような気持ち、子どもがお腹の中にいたし、これは「絶対に産みたいし」みたいな、藁にもすがるような気持ちで、運命みたいなかたちで、大賀先生とお会いして、そこで話ができたっていうことが、すごいよかった。／（人に）話できるのと、できないのでは大違い、みたいな。

大賀は、山本の話を、ただ聞き続けた。彼女は、教師の経験から、問題の渦中にある人に対して、他人の目線でアドバイスしても意味がないことを身を持って経験していた。ただ当事者のいうことに耳を傾け、その中から、本人が何をしたいのかを一緒にみつけていくしかないという。

大賀　まあ教師してたから、いろんな子どもがいるから、親もいろいろ言うてくる人いるから。まず、聞かなしゃあないわね。なんぼ暴力的に（な口調で）来はったかてね。

山本　全然、（大賀から）否定をされなかったから。それが、すごい自分にとって。自分が普通（の人生）じゃないというか、そんな気持ちでいたから。普通の人は、普通に結婚して子ども産んでみたいな感じなのに、自分は（差別を受けて）普通にいっていないと思ったから。でも、大賀先生に話したときは、「こうしなさい」っていうのもなかったですけれども、否定もされなかったんで、その部分ですごく、助かりました。「こうしなさい」って言われても、たぶんしんどかったと思うし。（アドバイス通りに）もしできなかったら、自分が。

大賀　そうね。「こうや、ああや」言うたかて、できる状況、違うねんから。まず、しっかり聞いてね。その中で、いまの自分、みてもらって。どうしてほしいかっていうので、それに寄り添うしか、ないじゃないですか。

箕面の井上も、相談を受けた人がカップルの話にひたすら耳を傾けることによって、本人たちの決断を導くと考えている。井上自身にも、そういった経験がある。恋人の親に交際を反対されて、どうしていいのかわからなくなり、アドバイスを乞うために先輩のもとを訪れたが、運悪く、彼は高熱で寝込んでいた。

井上「俺ら、差別されてん！」「あかん言われてんねん、どうしよう」って言ったら、高熱にうなされながら、「ふう、ふう、そうか、ほう」って言うて、一生懸命こっちが思いを、バアっと言うてんのに、「ふう」て言うから（笑）、なんか気抜けてもうて。「大丈夫？」って（笑）。それでもう頭真っ白やったやつが、トンと、もう（笑）、一気に、あれして（落ち着いた）。

ほんで、うなされながらも、「お前らどないしたいんや」って、「結婚したいねんけども、どうしたらいいか、わかれへん」っていう感じですよね。ほんなら、こっち側の気持ちが、だんだん落ち着いてきて。そのときに、「そらあかんな、差別やな」って言われたら、カアっとなってた（頭に血がのぼっていた）かもわかれへんけど、あまりにも相談しがいがなくって（笑）、ふわってなってるもんやから、こっち側の気持ちが、どんどん落ち着いていって、初め（反対されたショックで）震えてたけど、改めてずっと落ち着いたら、そのとき、「今すぐ結婚したい」と思ってたんですよね。

先輩が高熱でうなされていたために、期待していたアドバイスを受けることはできなかったが、むしろ井上らが一方的に喋ることで考えの整理がついて、結婚の意思が固まったのである。冗談のような話だが、相談を受けるときに、耳を傾けることが重要だということがよくわかるエピソードだろう。

後日、回復した先輩は、結婚差別を乗り越えた「成功事例」を教えてくれた。結婚に至ったカップルがやっていたことを、井上さんたちも実践してみた。

井上　今までは部落差別によって、破談になったとか、その青年が自殺したとか、そういう話しか聞かされてなかったんですが、一つの成功事例を、そのときに先輩、言ってくれたんです。

その人たちの成功事例は、通勤電車の、彼が乗ってくるところと彼女が乗ってくるところが違って、そこで何両目ということを決めて、そこで出会って、そこ（職場の最寄り駅）に行くまで通勤電車の時間だけが、彼女ら彼らの恋愛する、お互いを高め合うっていうか、お互いを話し合う時間としてきちっと出会うとって、その中で話し合って自分たちの恋愛を深めていって、結局は差別を乗り越えて成功するってこともあるって話、ものすごい短く簡単に言われたんですよね。

この事例にならい、短い時間であっても定期的に話し合いをすることにした。実際に、この話し合いは効果を発揮し、カップルの信頼関係は、より強固になった。

井上は、相談相手は必要だけれども、有効なアドバイスというものは存在しないと考える。最終的には、自分たちが納得して決断するしかないからである。ただ、話を聞いてくれる人がいることは周知しておいたほうがよいし、カップルのヒントになるような事例は、いくらでも伝えたほうがよいという。

井上　相談に来られたら、どういうアドバイスできるかいうたらね、多分ないですね。たとえば事例はね、なんぼかしゃべれたとしても、そういう意味では事例がいっぱいあるということは、僕すごい、いいなと思うんです。というのは、アドバイスできなくても、こんな事例があるよっていうことを知ってるか知ってないかは、それで自分なりにきちっとアレンジしたらいいと思うんですね。

井上　いざとなったら、困ったときに、誰に相談しにいったらいいのかということだけはね、とりあえずは発信しておかないとあかんと思うんです。それはすぐアドバイスにつながるかどうかは別にして、それは kakekomi 寺っていうてはったように、なんかどこか行けば、なんかはあるということはすごい大事なことやと思うんですけど、自分の経験からは、支えにはなるけども、決断は自分がしないといけない。結果に対しては自分が全部納得しないとあかんので、だから、うまくいかなくても僕はいいと思うんです。納得できる結果であれば。だから結婚が目的ではないので。

長野の高橋も、最終的にはカップルが自分たちで決めるしかないという。相談を受けた人々は、よりよい方向にかれらを導くことを目指すのではなくて、かれらが自分たちなりの結論を出す手助けをするだけなのだ。

――例えば結婚してからの人生長いじゃないですか。相手の子が、あまりにもしっかりしてないから、「ちょっと、この結婚はやめといたほうがいいんじゃないかな」って思ったことはないですか。

高橋　ありますよ、何回も。「しっかり」している人、それも最初からしっかりしている人っていませんよ。しっかりしていなくていいんですよ。人間、そんなに最初からしっかりされていると、こっちがたじろいちゃうから。

――その後々、少しずつ変わっていくことを期待して、今の決断、結婚したいっていう気持ちを、とにかく大切にする。

高橋　それ以外に何もないと思う。だって、選んでいるのは本人だから。「こいつ生活できねえなあ」とか「どうも考え方違うな」と思ってもね、俺はそれでいいと思っている。本人たちが判断すればいいことだから。

高橋　一緒になって、生活して、やっぱりこの人と一緒にやっていけないと思ったら、それはそれ。そんなことは部落でも部落でなくても、同じことが起こってるわけでね。

支援する人々は、結婚差別に遭遇したカップルを、やみくもに結婚させることが目的なのではない。彼らが結婚するかどうか、結論を出すことをじっと待つ。もし、結婚すると決断したならば、その選択を尊重して、結婚が叶うように手助けするにすぎないのだ。

井上は、結婚をしないという選択も、本人が納得できるのであれば、ありうるという。結婚そのものが目的になってしまうと、抑圧的な規範を再生産することに加担するだけだという。

井上 「結婚することは簡単や」と思ってないと、それがものすごい大変なことなんやって（思って）、それが目的化してしまうと、制度に縛られていることになるかもわからないですよね。戸籍やら家長、家族制度やら。結婚にこだわるんじゃなくて、お互いの、生きてきたことの中身にこだわらないと。で、それがたまたま結婚（につながった）というパターンやったとしてもね、そこだけが目的化して、そこだけが問題になるんじゃないんですよ。

井上 （結婚にむけて）努力する必要とか、しんどい目する必要はなくって、（結婚に）見切りをつけることっていうのは、もっと早い段階であってもいいと思うし、自分を納得させることが、いろんな理由であったらいいと思うんですね。だから、正解じゃなくって、自分がとりあえずっていうところで納得させるということが、ものすごい大事な、次のステップを生むためには。問い続けるけれども、とことんじゃなくって、とりあえずの答えを用意するっていうのは、知恵だと思うので、それは否定しなくてもいいと思う。

結婚差別を「乗り越えて」結婚することが「勝ち」であり、結婚をしないことは差別に「負け」たのだという思い込みを、私たちはどこかで持ってしまっていないだろうか。周囲のそのような期待が、当事者たちを、なにがなんでも結婚しなければならない方向に、追い込んでしまってはならない。周囲の期待に応えるために、カップルは結婚するのではない。大切なのは、本人たちが選択をするということであり、結婚しないという選択肢もありうることを忘れてはいけない。

## 4 部落問題と向き合う

第8章「結婚差別問題では何が争われているのか」では、結婚の反対は部落問題をめぐる問題であるはずなのに、祝福をめぐる議論にずらされたり、部落出身者の人柄などが説得の要になるなど、部落問題以外のところで交渉が進むことについての述べた。

部落問題について徹底的に議論する場がないのなら、親を諭すために、カップルは部落問題について十分な知識を身につける必要はないのかもしれない。だが、知識が必要なのは、親の説得のためだけではない。カップル自身が部落を否定的に捉えていたら、この結婚は親の言う通り「よくないもの」であると捉えてしまう可能性があるからだ。また、部落外の側が、部落問題についてまったく何も知らなかったり、何も学ぼうとしなければ、無知がもとで部落出身の恋人を傷つけてしまうかもしれない。また、部落問題など「関係ない」と思っているのではないかと、部落出身の恋人は、不信感をつのらせてしまうかもしれない。部落出身の側も、自分はなにも悪くないと確信を持つためには、知識が必要である。

では、支援をする人たちは、カップルが部落問題に向き合うために、どのような援助をしたのだろうか。高橋は、部落の青年たちが集まる会にカップルを招き、皆の前で体験を語らせ、問題を整理し、自覚を高めさせていく実践をおこなっている。最初は三分からはじめ、少しずつ語る時間を延ばしていく。

高橋　どんな結婚差別があり、どう思ってきたのか。どんなふうに部落を思っていたのかを本人が話していくことをやっている。何回か話す場をつくり、積み上げていく。ただ、誰にでもそれができるわけではなく、できるかどうかも含めて判断しながら、一つひとつ階段を踏んで。そういうことをやっていくと、今も反対している親たち、口を聞いてくれない親たちに、どういうふうに（対処）していくのかということが整理されていくし、何よりも大切なのは、次世代をも考え、その差別の中をどう生きようとするか、また自分にとって部落とは何かを問い、見つけようとしていく。

とりわけ、子どもが生まれるカップルには、子どもにどのように部落問題を伝えていくか、その点について熟考するように促しているそうだ。

kakekomi 寺の大賀の場合、その人の状況にあわせた書籍を渡すことがある。支援を受けた山本は、大賀に渡された書籍に大いに助けられたと述べている。その本は、ある部落出身女性が綴った生い立ちの記録であった。

山本　生い立ちというか、（識字教室の作品として自伝を書いている）Kさんのこととか、伝記的なもので、具体例、「こうしなさい」とかじゃなくって、この人の人生があって（人生を通じて）、自分で考えられるような、自分の取り方（受け止め方）で。それが支えになりました。やっぱり、本が支えになった。

大賀　そういう本やね。結婚差別があったけども、乗り越えたとか、そんなんではなくて、淡々と生きて行くいうのかな。

山本　だから、Q＆Aみたいな、「こういう場合はこうしろ」「こういう場合はこうして」、そうではなくて、私の場合は、その人の、この人生みたいな、伝記みたいなんを、匿名だけれども、こんなケースみたいなので、そういう本が読みたかった。なんか、うん、それが支えになりました。

大賀が手渡した、本（宮津裕子『沈黙せず　手記・結婚差別』解放出版社、一九九三年）や識字教室の作品には、著者たちの結婚差別の体験が語られていた。

山本　（結婚差別の体験について、本や手記と比較して）「ああ、ここは一緒」みたいな、「ここは違う」みたいな感じで。それは何なのかっていうのは、そういう具体的なものはわかりませんけども、支えになったのは事実。伝記とか実体験の例が、支えになったのは事実です。それが「どういった理由で」っていわれたら、ちょっと理由はわからない。

——文字に書かれてる、誰か部落の女の人に（本の著者に対して）話してるみたいな感じやったりする？

山本　うんうん。だから、「ここは一緒」とか、「ここは違う」みたいな感じで、照らし合わせたりもできるし、「これはこうやから、こういうふうにしたらいいんかな」とか、勝手に、そんなふうに書いてはないいんですけど、勝手に自分の頭の中で。

なぜその本を手渡したかのか、調査に同行していた大賀に理由を尋ねたが、はっきりした理由は語られなかった。ただ、この人には今これが必要なのではないか、と直感的に感じたそうだ。山本は、手渡された本を読みながら、自分の体験との共通点と相違点を考えることを通じて、自分の体験を客観的に眺めたり、他者に語る予行演習をおこなった。そして、そのことで、精神的な落ち着きを得たという。

山本　第三者の方が、自分の気持ちを言葉にしてくれたみたいな感じですよね。話したり、書いたり、考えたり、読んだりしたことで、気持ちのバランスが保たれたっていう感じですね。

山本の場合、書物を介して、ひとりの部落女性の生い立ちを知り、そのことが助けとなった。書物を通じてではなく、実際に同じ体験をした人に会って話を聞かせてもらい、対話をすることも役に立つだろう。

井上の場合、結婚差別をきっかけに、部落問題学習に本気で取り組むようになった。彼女の親が結婚に反対していると聞いて、すぐにでも相手の親のところへ赴こうと思ったが、その前に自分自身が部落問題を理解していなければ、相手の親を説得することなどできないと気がついたからだ。

井上（先輩から）どうしたいねんって聞かれて、やっぱり部落問題を自分が解らなあかんと。親と喋るにしても、自分が部落差別のことをちゃんと解って、相手に伝えられへんかったら、何にも始まれへん、ということで、改めて本気で部落問題と関わろうと思った。

知識がついてくると、不思議なことに、行動にも変化があらわれた。部落差別を受けるのは、自分のせいではなく社会の問題なのだと理解していくことで、これまでずっと抱えていた説明のつかない苛立ちが消え、態度に落ち着きが生まれた。

井上　彼女に部落問題を説明せなあかんでしょう。彼女から、「何で差別されるの」って聞かれるわけですよ。「部落って何なん?」とか。説明できへんから、「そんなん、わかるか」とか（苦笑）、なんか適当に言いながらも、ちゃんと説明できないから。ほんでまあ、自分も（解放運動の青年部活動に）行くようになると、ちょっと聞いてきたことを、「部落とはな」とか、やるわけです。

知識をつけたことで、地域の生活環境が厳しかった理由を、社会問題として理解するようになった。それまでは、彼女とのふとした会話の中で、笑いのポイントがずれたときなどに、彼女と自分の育った環境の違いを感じても、そのことをうまく表現することができず、漠然とした怒りのような、その場にいたくないような感覚に襲われて、急にその場から立ち去ることがあった。部落問題の学習をするようになってからは、デートの途中に急に姿を決して、彼女を混乱させるようなことは、しなくなったという。

部落差別が社会問題であることを知って、部落を「否定的に捉えない」状態になったところから、さらに一歩進めて、自分の生まれた故郷を大切に思える、あるいは肯定的に捉えられるようになるにはどうすればよいか。高橋は、「差別されるのは、だれもが嫌だと思う」ので、部落出身であることをいいものだと思うのは難しいけれども、肯定的に捉えていく道筋はあるはずだと考えている。

高橋 （相談を受けている）その子たちだけではなく、たぶん、部落の人たちの多くが、自分が部落であることを、いいものだと思っている人はいないと思う。差別されるから嫌に決まっていると思う。（しかし）自分が部落だっていうことを、すべて嫌なもの、ありがたくもないし、マイナスだと思っていて、それで人には「差別するな」と言っても無理じゃないですか。自分がそこから解放されない限りは、人に「差別やめろ」とかということにはならないだろうと思うんです。

――たしかに。相談のときに、当事者が、気持ちがいっぱいになって泣く瞬間があって、それって部落出身の子が、自分がずっと悪いんかなと思ってたのを、差別するほうが悪いっていうのを、わかってるはずやのに、やっぱ人に言われると、もう。

高橋　そうなんだよね。

――そこでわっと緊張溶ける感じがすごいするんですよ。ああ、やっぱり自分のこと責めてたんやなって思って。

高橋は、部落を肯定的に捉えるためには、厳しい生活の中で培った知恵があること、差別に対する闘いがあったこと、自分の親や地域の人々に対する愛着があることなどを振り返って、自分にとって部落が大切なものだと再解釈することが必要であるという。

高橋　部落の生活や実態、ひとつ一つ、他と比べてみれば、やはり「格差」や「違い」があったり、ありすぎたり。そんな部落が嫌かっていったら、俺は今になってみると、「それも全部ひっくるめて大切だ」と思っている。

部落は、困難が多いから。だけど困難があれば、必ずそこには生きていくための知恵がある。「あんなものは、人間の食うものじゃねえ」「部落と朝鮮は、内臓もの食ってきた」と言われてきた体験がある。周りの人たちが「いらない」としてきたもの、しかし栄養のあるところを食って生きてきた知恵がある。ひとつ一つそうやって、困難があって、知恵が生まれ、生きていく。それを豊かさというと思う。今まで部落は嫌なものだと思わされてきたけれど、「こういうことが豊かっていうのか」というのが見えてくる。そして、その大切な部落に対して差別という問題がある。部落は、その差別の中を生き抜いてきた。さらに、差別や困難があるとそこには必ず闘いがある。跳ね返そうとする力がある。これが大切なんです。

誰しもが、差別を受けるのは避けたいだろう。だから、部落は否定的にしか捉えられないのかといえば、そうではない。部落差別を否定することと、部落を否定することは違うのだ。従来の運動や同和教育でも、部落を肯定的に捉えるための数多くの実践があった。それぞれの地域で、子どもたちに自分たちの地域の歴史を伝えるなどの取り組みがあった。

そのような教育は、大人になって結婚差別を受けたとき、部落出身の若者が自分を責めてしまわないための、ひとつの予防策になりうる。また、大人になってから、部落を肯定的に再解釈するための助けになるだろう。

## 5　心理的なケア

結婚差別を受けた人への支援を考えるとき、私たちはつい、差別のことばかりに目が奪われがちである。だが、結婚差別を受けた人は、突然のできごとに混乱し、差別されたことに傷つき、他者から否定されたことに悲しみを感じるなど、心理的なケアを必要とする場合が多々ある。

しかし、結婚差別の経験がある山本は、精神的に問題を抱えても、医療やカウンセリングの場では、部落差別の話はできないという。

山本　（差別を受けて）どうしていいか、わかれへんみたいな感じで。メンタル的なこともあるし、そういうメンタル的なことは、メンタルのところ（精神科など）に行ったらいいけど、内容（結婚差別を受けたこと）が、そこでは言われへんし。

ふたつのこと（差別とメンタルのこと）があるから、寄り添ってくれる条件と、部落の話ができる人っていう、ふたつの要素がいると思うんですよ。ただ「それはあかん（差別はいけない）」みたいな感じで、特に女性の場合で、（差別事件と）闘わなあかんみたいな（ことでは）、ちょっとしんどいと思うんですね。やっぱりまず、気持ちに寄り添ってくれる人と部落の話ができる人が、私の場合は、大賀先生がいたので、それで、嫌な体験ですけど、深刻にもならずに。その都度、その都度、（大賀が）「こんな本ありますよ、こんな本ありますよ」って言って（渡してくれた）。

部落問題に詳しい人に相談に行っても、「闘わなあかん」と言われて、心理的な負担については受け止めてもらえないかもしれないが、一方で、医療やカウンセリングの場では、部落差別の話ができない。その両方を受け止めてくれたのが、大賀であったという。大賀は中学・高校の教師経験は長いものの、心理的なケアの専門家というわけではないのだが、山本の望んでいたふたつの「しんどさ」を受け止めてくれたという。

山本の場合、理想的な相手に偶然めぐり会えたけれども、そうでなければ、医療やカウンセリングに頼ることも視野に入れなければならない。そのとき、部落問題について安心して話せるような、信頼のおける精神科医や臨床心理士が身近にいるだろうか。そのような人材をあらかじめ把握しておいたり、研修などを通じて人材を育てることも、間接的ではあるが結婚差別の支援になるだろう。結婚差別問題のただ中にある人は、自死に至ることがある。差別を受けた人の心理的なケアに力を入れることは、その予防にもなるかもしれない。

結婚差別を受けた人が、どのように精神的に追い詰められていくのかを、丁寧に語ってくれた方がいる。部落解放同盟福岡県連合会書記長の吉岡正博さんである。*3

吉岡　結婚差別の場合はね、運動体が関わるにしても、最終的にはね、ふたりが結婚して、一緒に生活をして、ともにね、がんばるっていう意思が固まらんと、ダメ。最終はそこになるんですよ。それはもう、消耗しますからね。僕もそうやったけど。自分自身だけやないんですよ、彼女も消耗する。彼女がきつそうにしていると、自分のほうから身を引こうかと思ってしまう。そのときにね、「自殺」っていう言葉が出てくる。もう、何もかも、展望がなくなってしまう。そのときにね、やっぱり自殺っていうことを俺は考えた。そのとき初めてわかった。

それまでね、部落のなかで先輩たちが結婚で死んできたのをみて、頭にきていた。なんでそんなふうに泣き寝入りして死ぬのか、ものすごく頭にきていた。でも実際、自分が差別を受けてみるとね、そうなるんだなと思ったね。僕は、支えがあるからね、青年部とか、いろいろ支えがあるから、がんばれたっていうのはある。自分は、いい。しかし、相手がきつい思いをしていて、もう自分が引いたほうがいいんじゃないかと思ってしまうと、もう、真っ暗。そのときにね、「自殺」が出てくる。自分はそう思いましたね。

最終的にはね、そういうふうなことがあってもね、信頼する友達とか、僕はそのときは青年部があったし、地域のね、識字学級のおばちゃんたちや、周りのね、そういった人たちがやっぱり支えてくれたから、僕は生きたと思う。

吉岡　結婚差別や就職差別が、急にきたとき、「自分が悪い」と思ってしまう。だから、遺書がみつかることは少ないけれども、遺書を読むと、相手に対する憤りは、ひとつも書いてないよ。「お父さんお母さん、早く自分が死ぬことを許してくれ」って書いてある。「相手が悪い」とか、相手を「差別糾弾する」っていう遺書なんか、見たことない。全部、自分の親に対して、すまんと書いてある。だから死ぬんですよ。「こんちくしょう、許せんぞ」って思っていたら、死なない。

——それやったら戦いますよね。

そうですよね。だから、運動が必要なんです。僕はそう思う。

——自分を責めてしまうわけですね。

そう、責めてしまう。自分に非があると思うわけ。そして、悶々としてるけど、相談する相手すらいないと。いたら、また違うね。だから、部落の中でも、自殺して、何も遺書がない、しかし、ちょうど恋愛で結婚の時期だったというのは、そんなのは気になる。

ひとは、差別への怒りで自死するのではない。親と自分との板挟みで苦しむ相手をみて、こうなったのは自分が部落出身であるせいだと思い、身を引くしかないと思ったときに、自死を意識したと、吉岡は述べている。部落の青年が自死したと聞くと、そのことが頭をよぎる。

吉岡の場合、地域の青年や「おばちゃん」たちが支えてくれたことで、死なかった。しかし、いま再び部落の若者たちは孤立している。青年同士のピア・カウンセリングとなりうる場に、アクセスできない若者が増えている。地元での青年たちの活動がなくなってしまったり、若者が部落外に転出していたりして、青年同士が結婚差別について語り合ったり、支えあったりする機会が減っている。自分の出身を知らずに育った青年が、いきなり結婚差別に遭遇して、孤立無援の状態で悩むこともあるだろう。当事者運動でのケアが薄くなった分、それに代替するものの存在も視野に入れておかねばならない。

また、本人たち自身ができることもある。大阪の井上の場合、心身ともに疲弊してしまわない工夫を、自分たちで実践していた。それは、「食べること」だった。心労で食事が喉を通らなくなり、井上も彼女もみるみる痩せていった。そんな体調では説得行動もできないので、ふたりはとにかく食べることを心がけた。

井上　僕は仕事終わって、彼女の帰りを駅前で待ってて、家帰るまでの間に喫茶店に寄って、そこで一時間ぐらい、家の中の状況を聞きながら話をすると、励ましながらやってくっていうこと、やったんですね。（結婚差別を乗り越えたカップルの）電車の（中で、毎日会い、励ましあった）話があったので、それを実践しようということで、彼女とはずっと続けるんです。

彼女の実家では、親や兄弟が、毎日彼女を責めつづけた。母が怒ったときは兄がやさしく説得し、兄が激しく責めるときは母がおだやかになるという役割分担をして、手を変え品を変え、彼女に結婚を諦めさせようとした。彼女は疲弊しきって、もう家を出たいと主張したが、井上はまだ説得を諦めたくなかった。

井上　だから、まずは飯食おうと。もう俺もどんどん痩せていくのは自分でもわかってましたけど、彼女もどんどん痩せていってるんで、とにかく食わなあかんと、飯食わんと闘われへんというので、会うたら無理矢理でも食えと言って、喫茶店でいつも飯を二人で食べるんですよ。入れへんねんけど、あかんと、こういう状況で勝とうと思ったら、飯食わなあかんのやって言い聞かせるように、二人で飯食って。10キロぐらい僕も痩せましたけど、彼女もどんどん痩せていくのが見えたんですけど、それでも食おうと、食ってやっぱり話をしようというのんで、毎晩ずっと繰り返していたんですね。

結婚差別に悩む青年たちは、心身ともに調子を崩しがちである。カップルが心身ともに疲弊しきってしまわないように、ときにはリラックスするように注意を促したり、楽しいことを提案したり、場合によっては専門家につないだりして、かれらを注意深く見守る必要があるだろう。

## 6　その後をみすえた支援を

結婚差別問題が生じた後、結婚するにせよ、破談になるにせよ、その後の人生は続く。第9章「結婚後差別」で述べたように、結婚後の家族関係のなかに、部落差別が持ち越されることもある。破談になった場合、そのことがその後の人生に影響を与えるかもしれない。

長野の高橋は、結婚差別の支援は、問題の渦中にあるときだけにとどまらず、その後の人生にも「まること」つき合わなければならないという。

高橋　まるごとやらないと。「差別のことだけやりましょう」なんて、それは絶対ありえないことで、それ以降の生活のことも含めて、まるごとつき合わないとやっぱりだめだと思う。だから俺はずっとだね、間違いなく。

――結婚は、ある時点やけど、そのあとの人生めっちゃ長いですもんね。

高橋　そうなんですよ。だから「楽しみ」なんです。

大賀に支援を受けた山本は、結婚差別（結婚後差別）がその後の人生に及ぼす影響について語ってくれた。彼女は、夫から繰り返し差別発言を受けた。相手から身を守ることに精一杯で、その場では何も言い返せなかったことに、別れた後も「罪悪感」を抱きつづけたという。

山本　相手の望む自分じゃなかったからじゃなくて、普通にいかなかった（問題なく結婚できなかった）っていうことに対して、私にも、原因があったんちゃうかみたいな。

相手の望む自分になろうとか、そういうことは考えたこととかはないんですけど、なんていうのかな、自分も悪かったんかなみたいな。だから、どこが悪いのか、言葉で説明できないけれども、なにか罪悪感みたいな。

だから、矛盾しているようなんですけど、いろんなもんが混ざり合ってると思うんです。むちゃくちゃ言われたから、たぶん神経もたないから別れてよかった、っていう気持ちと、なんであんときにちゃんと、こう言えなかった（差別に抗議できなかった）のかっていう気持ちと、何か、矛盾してるんですけども。結果、別れとって、たぶん神経がもたなかったから、よかったっていうんで、それが結果やと思うんです、結論は。でも、あのときに、バンバンバンバンと打たれっぱなしの（相手から一方的に差別発言を受けた）状態で、何か言えなかった自分っていうのに、罪悪感があるから、そのあとの人生も何か、悪くもないけど、よくもないみたいな。

彼女は自分を責めた。一方、相手に対する憎しみは「本当に、ないんです」という。相手に変わってほしいとも、謝罪してほしいとも思わなかった。差別した人のことはどうでもよかった。むしろ、過去の結婚差別の影響で、新しい恋人との関係がうまく作れないことが苦しかった。結婚差別によって「成し遂げられなかった」「結婚生活」に執着してしまったという。

山本　「なにか日常生活に支障をきたすことは、なかったですか」みたいな質問が（筆者から）あったんですけど、（結婚差別を受けた後の）その10年間のほうが、あとからじわじわジワジワ、支障がきたみたいな。（「普通に」）結婚するっていう成し遂げられなかった、ということ、結婚生活っていうものに、すっごい執着して。結局、結婚〔再婚〕したんですけれども、それまでの私が、すっごい執着〔を〕示した、結婚に。自分で思うには、あのこと〔結婚差別〕が、じわじわ来てるみたいな。

山本　そんときはね、迷路に入ったんですよ。あんときに成し遂げられなかった、自分の結婚生活、「この人とは、成し遂げられるかもしれん」っていう思いがあったのに、その人が遠くにいってしまおうとしてるっていうのを、必死で、追いかけるわけですよ。それを、実現するがために、自分の欠けた部分を実現するために、執着、もう追いかけるっていうこと、というか、自分の執着の気持ちがしんどかったです。

山本は、結婚差別を受けたという経験によって、自分の人生が悪いものになったとは思わない。しかし、結婚差別を乗り越えたとも、その経験がプラスになったとも思っていない。

山本　悪いんかってゆったら、悪くもないし、みたいな。なら、めっちゃ幸せな、気持ち的に、辛さを乗り越えて自分は強くなって、「わーい」みたいな、「真っ青な青空」なんかって言ったら、そうではない。

結婚差別を「乗り越えて」結婚に至った住井さんも、結婚後に問題を抱えていた。少しでも夫や夫の家族の不満を言おうものなら、部落の男性と結婚したお前が悪いと、父親は娘をなじった。父親は「向こうの家族が、やることとか、言うこととかも全部嫌みたい」で、批判ばかりするという。

住井　夫婦なんで、ちょっと喧嘩したりとか、悪いところも、多々（笑）あるんですけども、それを（実家には）言わないように。ちょっとでも漏らすと、愚痴をちょっとでも実家でいうと、「自業自得、お前がそういう人間と、そういう世界の奴と結婚したんだから」っていうふうに言う感じで。私もそれ（愚痴）をずっと言わなかった。マイナスからのはじまりなんで、そんなこと、ちょっとでも言ったら、もっと。ちょっとマイナスな面があると、もう、こんな感じ。「そういう人間たちだから」っていうふうに、向こうの御両親も含めてのこと、そういうふうな中で育ってきたからって、お歳暮とかあったりして、向こうからもらったものを、なんかちょっと小馬鹿にする感じですね。

父親は、娘にはそのように振る舞うが、彼女の夫の前では「露骨に出さない」。帰省するときに、孫だけ連れて夫は来なくてよいと父親が言っていることも、住井さんは夫に伝えていない。夫や彼の両親は、妻の父親がいまだに差別的な態度を取り続けていることを知らない。彼女は、実家の愚痴を夫にいうこともできないし、夫の愚痴を実家で話すこともできない。

大阪の井上も、部落外の出身側には、特有の苦しさがあると指摘している。差別した親の子であるという引け目を感じてしまうからだ。

井上　差別者側なのか、被差別者側なのかっていう分け方をした時点でね、（部落外の家族は）それはもう、「許せない人たち」になるわけですよ。そういう関係性におくと、彼女の方は、大好きな人を差別した親を持ってるコンプレックスが生まれるんですよ、彼女の中では。僕と一対一、対等の関係であったはずやのに、僕を傷つけた加害者の親たちを持ってる自分っていうのは、その時点でもう対等じゃなくって。

妻は、「差別する側」から離れて、たったひとりで部落に来た。彼女自身も、結婚差別を乗り越えた「ヒロイン」であるが、周囲は「差別された」夫の家族や仲間ばかりで、「関係性の中では完全に低い位置」に置かれる。しかも、生まれてくる子どもは、「部落出身者」とみなされる。しばしば、部落外から来た女性は、解放運動に熱心になると言われるが、部落問題について、耐えず問われ続けるからではないだろうか。

井上　これが、（部落出身の）男の方が成長しきれてなかったり、酒飲んだ時に荒れて、「お前とこの親はな」と言い出したりするわけです。「あのとき、俺にあんなこと言いやがって」とか、「今でもお前とこ、行けるかい」って話になったりすると、（妻は）傷つくでしょう。

井上　だけど、自分の親をそういうふうに言われるというのは悲しい話でしょう。

部落外の女性の側は、差別した側として、そして部落出身の子の親として部落問題を学ぶ。同時に、実家との関係の再構築を模索し続けなければならない。結婚後、不断の努力を求められるのは部落外の方だという。そして部落の男性側は、地元に居続ければ環境が変わらず、結婚問題は「一回完結している」ので、日常的にはそのことを忘れている。[*4] そして、冠婚葬祭などで、部落外の家族と対面する場面になって、再び「傷つく」ことになる。

井上　今度、男の場合が再開するのはどういうときかというと、いったん自己完結しているんですけども、今度、誰々の結婚であるとか、誰々の葬式であるとかという形で、今度また血縁の問題が出てきたときに、改めて自分の問題として再開するんです。だから傷ついた思いしか出てこないので、そこでもう一回また傷つくという関係が生まれるんです。その間、こっち側（部落の男性側は）努力してない、努力してるのはこの女性（部落外の女性）の側だと。

このように、部落外の立場にある方、とくにそれが女性である場合に、差別者として問われ続けるという苦しみが継続すると井上は指摘する。それだけに、完全に実家との関係を切ってしまうと、女性が孤立してしまうと指摘する。

井上　そういうのが周りによって関係性が作られへんかったら、1対1の関係で、周りからは孤立したような家族関係を作っていったら、夫婦喧嘩が起こったときにえぐい形で出てくる、という気がするんです。

状況としてはね。ずっと見てて。だからやっぱり（完全に）縁切ったらあかんというのと、（関係性の再構築を）ずっと続けやなあかんということは、今でもそれは確信としてね、あるなと思うんですけどね。

幸いにも、井上の場合、周囲の人々が努めて妻の味方をしてくれた。部落解放運動に熱心すぎて家庭を顧みない井上を、周囲の女性たちが叱ったという。そのように、部落の側でも、部落外の側を包摂していくような努力があった。

井上　彼女をしんどい目して（させて）、ほったらかしにして、子育てやってるの彼女だけやないかっていうんで、周りの女からはワアっと来て、「あんたな、ちょっとこっちへおいで」（笑）、「まあここ座り、そらまあ、解放運動で忙しいかもわかれへんし、やってることは認めるけどな、もうちょっと考えや」っていうて、いつもやられてますね。そういう女友達いうか、女性連中もおったっていうことは、彼女自身も孤立しない関係が、地域の中ではあったとは思うんですね。

住井や井上の例からは、結婚後の家族関係のなかで、部落外出身の夫あるいは妻が、両方の家族の間で板挟みになってしまうという、特有の辛さがあることがわかった。結婚後の家族関係に安定をもたらすためには、継続的な支援が必要であることがわかる。

以上、この節では、結婚差別問題がその後の人生に与える影響について、実例をみてきた。結婚するにしても破談や離婚になるにしても、結婚差別の影響は、その後の心理的状態や人間関係の構築にも及んでいる。だからこそ、支援は、結婚後も含めておこなう必要がある。

ただ、相談を受けた人が、その後も他人の人生をまるごと引き受ける必要はない。ひとりで全てを引き受けていたら、相談者自身が疲弊してしまうので、多様な人々を巻き込んだ支援ネットワークの構築が必要になる。本章のまとめとして、次節では、ネットワークづくりについて、考察したい。

## 7　人をつなぐ

この章では、結婚差別を受けた人をどう支援するかについて考えてきた。しかし、部落出身者の恋愛や結婚に対する不安に対して、安心を与えることができる、決定的な言葉や図式があるわけではない。

ただ、結婚差別の不安や衝撃を和らげる方法はある。人を繋いでおくことである。相談に乗る人、結婚差別をめぐる法律に詳しい人、心理的なケアをしてくれる人、同じ体験をした人、部落の仲間、部落問題に関心のある人たちと、繋がっておくことだ。これまで、部落解放運動や同和教育の実践で行われてきた「仲間づくり」である。「今さら、そんなことか」と思う人もいるかもしれない。しかし、二〇〇二年の法期限切れ後、同和対策が急激に縮小していく中で、状況は大きく変わった。子どもや青年の集まる場所がなくなってしまった地域もある。少子化によって青年や子どもの数が激減して、子ども会組織が機能しなくなっている場合もある。部落から転出した若者や、部落に「ルーツ」を持つが部落の外で生まれ育った若者など、他の部落青年とつながりをもたずに暮らしている人も少なくないだろう。同和対策の時代のような、子ども会や青年部での「仲間づくり」は難しくなっている地域も多い。そこをどのようにネットワーキングしてくか、ということについて考えたい。

まず、③「全国部落青年の雇用・生活実態調査」の聞き取り調査から、仲間づくりに関する意見を抜き出してみた。差別問題の相談や対処において、仲間や繋がりが重要であることがよくわかる。

（地域の青年部活動では）やっぱ年が近いけん、話も合うし。堅苦しい話がない、もう日常の話しかないけん。／恋愛の話になったら若干、結婚差別ではないけど、「おつき合いしちゃいかん」とか、言われたりっていう話は出てくる。それをみんなで「どう思う?」みたいな。場的にはむちゃくちゃええと思う。俺は。ずっとあってほしいかなって思う。

【四国 20代 男性】

自分の中で考えてたのは、青年活動、なにしよって言われたときに、いや、たぶん一人じゃなん

もできんけっていうのの、「お守り」じゃないけど、それがあるけって。【九州 30代 男性】

（部落外の友人も部落内の友人も関係なく）めちゃめちゃ友だちとか大事ですからね。めっちゃ、そんなん思いますわ。仲間が。なんか嫌なこととか、結婚差別とか受けたっていっても、親になんか言えないですからね、嫌なことがあったりしたら、絶対、仲間っていうか、連れに先に言うから。【近畿 20代 男性】

話せるとこがあればやっぱりね、自殺も減るやろうし、1人で悩んでたらやっぱり。内に内に考えてしまうでしょうけど、こういう場所があるっていうのを知ってたら、相談できたら。【近畿 20代 男性】

小学校自体では（部落、部落外関係なく）まんべんなく遊んでて、子ども会に行ったらムラの子らだけになるんで、そこで先輩とか（との関係性ができる）。たぶん、そのとき先輩とか思ってないですけど、年上の子らと遊んだりでそんなんはあったんで。子ども会っていうのがやっぱり特別やったんかなっていうのは。【近畿 20代 男性】

また、同年代の人だけでなく、長年、部落問題にかかわっている「先輩」たちにも、頼ることも必要だろう。

そして、部落問題に関する活動をしている人だけが、結婚差別に悩む人を助けられるわけではない。部落問題に関わる活動をしていない人でも、結婚差別に悩んでいるカップルが「救われる」一言をかけることができる。

長野の高橋は、カップルの相談に乗るときに、妻にも同行してもらい、一緒に相談に乗るようにしている。その妻が、予想もしなかった一言を、彼らにかけてくれることがあるからだ。

高橋　結婚問題は、俺ひとりでは受け取らないようにしていて。以前からやっているのは、連れあいも一緒に聞いてくれて、関わるようにしている。最初から関わってくれって絶対言わないの。（若者たちに）「うち、行こう」っていって、（自宅に）連れてくと自然に（妻も話を）聞くじゃない。これがまたね、とんでもなくすごい言葉を言うときがあるんだよ。／「あなたたち二人に壁はない」って言ったのは、実は彼女だった。「おかしいじゃない」「壁があるのはさ、反対している人でしょ」って。「あなたたちには壁はないから、あたり前に一緒になればいいよ」って。それ聞いたときに、「ああ、そのこと言葉なんだよ、俺が言いたかったのは」って。だから、場面場面でそういう言葉とか、大事なものに出会えるわけじゃない。俺にとってすごく大事なこと。

――たしかに。その瞬間に、その一言だけで救われることもありますしね。

ひとりで支援を抱えこむよりも、いろいろな人と出会ってもらうことで、何か良いきっかけが生まれることがあると高橋は考える。

高橋　自分にできないことは人に出会わせるしかないと思います。何と、誰と出会うかで人は変われると思う。出会わせると何かが生まれるから。

——いろんな人の力を借りていこう。

高橋　そうだね、経験上そう思います、出会わせるって大事だなって。

——私も、普段からいろんなところに、いろいろ顔をつないどこうっていう、その作戦でいきます。

必要な言葉をかけてくれる存在は、家族の中にもいるかもしれない。高橋がかつて支援したケースでは、部落の側の父親がその役を果たした。高橋とカップルの3人で、父親に会いにいったときのことである。

高橋　（部落出身の側の）お父さんに会わせてもらったんだけど、そのときのお父さんの表情と言葉が忘れられない。黙って二人のことを聞いていて、そのうちに大きな声で泣きはじめ、涙をボロボロ流して、しばらくして一言だけ、このお父さんは娘たちに向かって、「お前たちふたりは、どんなことがあっても、俺が守るから」、それだけでした。すごく大事なものがいっぱいあった。差別を許さないとか、言葉はあるが、それはどういうことか具体性に欠けると思う。俺自身、「部落って何なのか」「差別を許さないとはどういうことか」言葉を選んで伝えてきたつもりです。だけど、このお父さんの表情と絞り出した言葉は、全てを引き受ける人間としての尊さを感じた。この人と、この一言だと思える瞬間に俺も出会えた。

一方、部落外の家族の中に味方がいることもある。kakekomi寺に相談をした住井の例である。

住井　親不孝だと思ったんですけど、私も。うん。

――けっこう決意して言ったんですか。

住井　そうですね、（父親と）話す前に、話し合いをするから帰って来いって言われて、その当時、普通に仕事もしてたんですけど。「お前にしっかり言わないといけないことがあるから」っていう、「（部落出身者と結婚しても）生きていくのが厳しい」っていう。で、（父親と話しあうために実家に）帰ったんですけど、家に着くまえに妹に電話して、「家族から、もうはずしてほしい（縁を切ってくれ）」って言うからって。なんかね、話して、「その上で、そうなっても、妹は妹だから、よろしくね」って（笑）。

――やっぱ決意があったんですね。

住井　そうですね。父が、妹が就職できなくなるとか。そのときは、（妹が）大学生だったので。で、結婚できなくなるとか言ってるから、一応、そういうことの承諾も（妹に）とって。「こうなんだけど」（差別を受ける可能性がある）、って。お父さんが、最初（は特に）、まだ自分はあれだけど（父は影響を受けないが）、妹の結婚ができなくなるのが、とかって言ってたから、そこは（妹に対して）「（父が）こう言ってるけど、いいかなって」。そんなかんじ。

――妹さん、そんとき。

住井　「私は、そんなので、（結婚）したくない」って言うような人とは、結婚しないからって。

――ああ。けっこう妹さんの一言大きかった。

住井　そうですね。

以上、結婚差別をサポートするための、ネットワーク作りについて考えてきた。青年たちの仲間づくりのように、子どもの頃から構築しておく関係性もあれば、結婚差別問題が起きてから適任と思われる人に繋いでいくこともある。また、問題の渦中にある家族の中に、味方がいることもある。

近年は、部落から転出して繋がりを持てずに悩む青年のために、従来のように地域ベースではなくインターネット等を介したネットワーク作りも進んでいる。[*5] このようなネットワークは、部落出身の当事者をベースとしながらも、部落問題に関心のある非当事者を受け入れているのが特徴である。

青年の仲間づくりや、部落問題に関心のある人を増やしていくような活動が、結果的に結婚差別問題への対応にも繋がっているということである。そこでは、教育や啓発の役割も大きいだろう。

注

＊1　井上さん夫妻は、講演や大阪人権博物館の「証言」映像、あるいは活字メディアなどで、自分たちの受けた結婚差別について語ってきた。妻の書いた家族への手紙は、大阪府が作成した人権教育の副読本でも取り上げられたことがある。

＊2　宮津裕子さん（仮名）は、自身の結婚差別経験を手記としてまとめている［宮津 1993］。

＊3　この調査は、部落解放・人権研究所が主催する「差別禁止法研究会」の部落問題班が、部落差別禁止の立法事実を集取するためにおこなったものである。二〇一五年の三月から一〇月にかけて、全国一〇都県の部落解放同盟都県連にご協力いただいて、最近の差別事象について、ヒアリング調査をおこなった。二〇一五年三月に、兵庫県でプレ調査をおこなった。その後、八月から一〇月にかけて、筆者と、内田龍史（尚絅学院大学）、妻木進吾（龍谷大学）で分担して、全国を訪問した。部落解放同盟福岡県連合会には、筆者と内田で調査に伺った。この調査は、［部落解放・人権研究所 2017］にまとめられている。

＊4　部落女性と部落外男性、部落男性と部落外女性、それぞれの組み合わせによる結婚後の問題については、［齋藤 2005］で論じている。

＊5　例えば、部落解放同盟大阪府連合会青年部の「ぶらカフェ」や、部落問題に関わるさまざまな立場の人で作った「BURAKU HERITAGE」などがある。

# おわりに

本書は、二〇〇七年に奈良女子大学に提出した博士論文『被差別部落出身者をめぐる婚姻忌避に関する社会学的研究』〔齋藤 2007〕をもとにして、その後の研究も加えて、大幅に書き直したものである。

追加した研究は、部落解放・人権研究所がおこなった「全国部落青年の雇用・生活実態調査」、科研費でおこなった（基盤研究（B）23330162）「戦後大阪の都市部落の変容過程に関する総合的研究」（代表・野口道彦大阪市立大学名誉教授）、そして筆者が講演や kakekomi 寺の相談を通じて知りあった方々への聞き取り調査である。

まず、聞き取り調査に応じていただいたみなさんに、お礼を述べたい。

大賀喜子さんには、研究者としても、実践をおこなう者としても、多くのことを学んだ。本書の冒頭のエピグラフは、喜子さんの語りである。部落外出身の喜子さんは、部落解放運動の活動家である大賀正行さんと結婚するときに、自分の母親から猛烈な反対を受けた。母親は死の間際になって初めて、結婚に反対したことについて正行さんに謝罪した。喜子さんが kakekomi 寺を続けているのは、自身のこの体験にもとづいて、いつかは和解ができるという信念があるからだ。

本書のもとになった博士論文は、野口道彦大阪市立大学名誉教授、小川伸彦奈良女子大学教授の指導のもとで、書き上げることができた。

大阪市立大学の研究仲間である、尚絅学院大学の内田龍史さん、龍谷大学の妻木進吾さん、福岡県立大学の堤圭史郎さんの三名と、大阪市立大学の福原宏幸さん、大阪府立大学の西田芳正さんとは、本書で用いたいくつかの調査で共同研究をおこなった。

編集者の渡邊光さんには、学術書でありつつ、多くの人に手にとってもらえるような本をという提案をいただいた。そのおかげで、博士論文を、本書のようなかたちに生まれ変わらせることができた。

そして、つれあいの岸政彦には、研究仲間として、家族として、多大な励ましをもらった。他にも、本書を心待ちにしてくれて、応援してくれた全ての方に、お礼を述べたい。

*

本書では論じることができなかった課題が、いくつも残されている。ひとつは、結婚差別による婚約破棄をめぐる裁判事例など、法的な問題についてである。また、婚姻制度や戸籍という制度自体への批判的な検討も不十分であった。

ふたつめに、被害者救済や、差別を受けた人の精神的・心理的ケアについてである。例えば、部落問題の十分な知識を持った専門家を育成することなどを模索していかなければならない。

3つめに、複合差別についてである。部落の中のLGBTや在日コリアンの青年たちについて、あるいは部落出身青年とその他のマイノリティのカップルについてなどについて、十分に論じることができなかった。

そして4つめが、部落差別の法律に関わることである。二〇一六年末、国会で「部落差別の解消の推進に関する法律案」が成立し施行された。国会の審議や参考人質疑で述べられた、部落差別の実例の多くは、結婚差別問題であった。また、この法律では、部落差別をめぐる相談、教育・啓発、実態調査の実施について明記されている。ただ、この法律が部落差別の解消にどのぐらいの実効性があるのかは未知数である。筆者自身も、この法律が実効性を持つためにはどのようなことが必要か、行政の相談の実態はどうなっているのか、効果的な啓発とは何か、差別の実態を正確につかむ調査はいかにして可能かといった、新しい法律の下での結婚差別の対策について、さらに研究を進めていかねばならない。

本書を必要とする人にこの本が届くことを願って、少しでも手にとりやすい本にしようと考え、表紙のデザインは温かみのあるものをと思っていた。表紙の花冠はその気持ちを込めて、筆者がデザインし、刺繍したものである。

二〇一七年四月

齋藤直子

## 人名索引



## 事項索引

＊さ行

＊た行



＊な行

＊ま行



＊や行



＊ら行



＊わ行

# 参考文献


愛知県県民生活部, 2013,『平成 24 年度人権に関する県民意識調査［結果報告書］』愛知県県民生活部.

阿久澤麻理子, 2010,「結婚差別の「複合」性——なぜ女性は男性より「差別的」な態度をとるのか」『ひょうご部落解放』第 138 号, ひょうご部落解放・人権研究所.

伊賀市, 2012,『同和問題解決に向けた生活実態調査報告書』伊賀市.

石飛仁・高橋幸春, 1996,『愛が引き裂かれたとき　追跡ルポ・結婚差別』解放出版社.

井上清, 1969,『部落の歴史と解放理論』田畑書店.

井上寛, 1995,「配偶者選択の神話——階層内婚について」今田高俊編『社会階層の新次元を求めて』1995 年 SSM 調査研究会.

今泉洋子・金子隆一, 1985,「配偶者選択の現状　『結婚に関する人口学的調査』の結果から」『人口問題研究』173 号, 国立社会保障・人口問題研究所.

岩澤美帆, 2010,「職縁結婚の盛衰からみる良縁追求の隘路」佐藤・長井・三輪編『結婚の壁』勁草書房.

岩間暁子・大和礼子・田間泰子, 2015,『問いからはじめる家族社会学』有斐閣.

上杉聰, 2010,『これでなっとく！　部落の歴史』解放出版社.

臼井敏男, 2012,「『部落差別をこえて』、その後　子どもが結婚するとき」『部落解放』661 号, 解放出版社.

内田龍史, 2002,「被差別部落出身者への結婚差別に関する一考察——結婚忌避的態度の年代別要因分析」『市大社会学』第 3 号, 大阪市立大学文学部社会学研究会.

——, 2003,『部落マイノリティ（出身者）に対する結婚忌避・差別に関する分析』部落解放・人権研究所.

——, 2004,「通婚と部落差別——結婚差別・通婚の実態と研究のための概念整理」『結婚差別の現状と啓発への示唆』部落解放・人権研究所.

——, 2005,「結婚と部落差別——通婚と結婚差別の趨勢」『部落解放研究』第 166 号, 部落解放・人権研究所.

——, 2012,「全国部落青年の雇用・生活実態調査 (2) 量的データの特徴」『部落解放研究』第 196 号, 部落解放・人権研究所.

浦本誉至史, 2011,『連続大量差別はがき事件　被害者としての誇りをかけた闘い』解放出版社.

江嶋修作, 1985,『社会「同和」教育変革期』明石書店.

大賀喜子, 1999,「ネットワーク「kakekomi 寺…結婚差別」をご存じですか？」『部落解放』第 455 号, 解放出版社.

大阪府, 1980,『大阪府民の「同和問題についての意識調査」報告書』大阪府.

——, 1985,『大阪府民の「人権問題についての意識調査」報告書』大阪府.

——, 1990,『大阪府民の人権問題についての意識調査報告書』大阪府.

——, 2001,『同和問題の解決に向けた実態等調査委員会委員分析報告書（同和地区内意識調査）』大阪府.

——, 2006,『平成 17 年度　人権問題に関する府民意識調査』大阪府.

——, 2011,『平成 22 年度　人権問題に関する府民意識調査』大阪府.

奥田均, 2002,『データで考える結婚差別』解放出版社.

加藤彰彦, 2004,「配偶者選択と結婚 I　未婚化・晩婚化と社会経済的状況」渡辺秀樹・稲葉昭英・嶋崎尚子編著『現代家族の構造と変容　全国家族調査［NFRJ 98］による計量分析』東京大学出版会.
角岡伸彦, 1999,『被差別部落の青春』講談社.
金子隆一・三田房美, 2012,「夫婦の結婚過程」『第 14 回出生動向基本調査　第一報告書　わが国夫婦の結婚過程と出生力』国立社会保障・人口問題研究所.
上子武次・原田隆司・門野里栄子・田中正子・佐藤繁美, 1991,『結婚相手の選択――社会学的研究』行路社.
上川多実, 2016,「東京に部落差別はない？――見えない差別を可視化する BURAKU HERITAGE の挑戦」シノドス　2016. 10. 14　http://synodos.jp/society/18160.
神原文子, 2004a,「夫婦間コンフリクト」高原・矢島・森田・井出編著『社会病理学講座第 3 巻　病める関係性――ミクロ社会の病理』学文社.
――, 2004b,「夫婦間コンフリクトと妻の対処行動」『家族のライフスタイルを問う』勁草書房.
――, 2012,「大阪府民にとっての同和問題」――「人権に関する府民意識調査」2005 年から 2010 年へ」『部落解放研究』第 195 号, 部落解放・人権研究所.
――, 2014,「結婚差別の諸相」『部落解放』第 689 号, 解放出版社.
――, 2016,「被差別部落の子連れシングル女性の生活困難さ」『現代社会研究』第 2 号, 神戸学院大学現代社会学会.
北口末広, 1999,「差別身元調査事件と今後の課題」『人権問題研究資料』第 15 号, 近畿大学人権問題研究所.
木村涼子, 2001,「結婚差別に立ち向かう論理」『同和問題の解決に向けた実態等調査報告書（被差別体験調査）』大阪府.
黒川みどり, 2016,『創られた「人種」部落差別と人種主義（レイシズム）』有志舎.
結婚問題研究会事務局, 2001a,「部落の若い世代は今（1）」『部落解放研究』138 号, 部落解放・人権研究所.
――, 2001b,「部落の若い世代は今（2）」『部落解放研究』139 号, 部落解放・人権研究所.
――, 2001c,「部落の若い世代は今（3）」『部落解放研究』140 号, 部落解放・人権研究所.
――, 2001d,「部落の若い世代は今（4）」『部落解放研究』142 号, 部落解放・人権研究所.
厚生労働省大臣官房統計情報部, 2010,『平成 22 年度「出生に関する統計」の概況』.
国立社会保障・人口問題研究所, 2014,「第 5 回全国家庭動向調査」.
――, 2016,『第 15 回出生動向基本調査　独身者調査』.
菰渕緑, 1981,「配偶者の選択と結婚」上子武次・増田光吉編『日本人の家族関係――異文化と比較して《新しい家族像》をさぐる』有斐閣.
小山友康, 2013,「福山市同和地区実態調査からみえるもの」『部落解放研究』第 19 号, 広島部落解放研究所.
齋藤直子, 2002,「結婚差別のゆくえ」『人権問題研究』第 2 号, 大阪市立大学人権問題研究センター.
――, 2004a,「部落と女性」『結婚差別の現状と啓発への示唆』部落解放・人権研究所.
――, 2004b,「結婚後の安定／不安定」部落解放・人権研究所『部落解放研究』第 166 号, 部落解放・人権研究所.
――, 2005,「結婚差別にみる複合差別――部落外女性にとっての結婚差別」『部落解放研究』第 166 号, 部落解放・人権研究所.
――, 2007,『被差別部落出身者をめぐる婚姻忌避に関する社会学的研究』博士論文.
――, 2008,「『結婚』をめぐる意識――「社会意識」項目から」『部落問題に関する意識の変遷

と啓発の課題――「部落問題に関する意識調査研究事業」報告書』部落解放・人権研究所.
――, 2010,「結婚差別の構造――『親戚の忌避』と『世間の忌避』」『部落解放研究』第 14 号, 広島部落解放研究所.
――, 2013,「部落青年の結婚問題　全国部落青年の雇用・生活実態調査から」『部落解放研究』第 198 号, 部落解放・人権研究所.
――, 2014,「部落出身者と結婚差別」『a-synodos vol. 140』.
――, 2016,「なぜ差別禁止法が必要なのか――『差別禁止法研究会』部落問題班の立法事実調査から」『部落解放』6 月号, 解放出版社.
佐藤博樹・永井暁子 三輪哲編, 2010,『結婚の壁　非婚・晩婚の構造』勁草書房.
佐藤裕, 2002a,「部落問題に関する人権意識調査のあり方と『差別意識論』の課題――大阪府 2000 年調査の経験から（前編）」『部落解放研究』第 144 号, 部落解放・人権研究所.
――, 2002b,「部落問題に関する人権意識調査のあり方と『差別意識論』の課題――大阪府 2000 年調査の経験から（後編）」第 146 号, 部落解放・人権研究所.
志田基与師・盛山和夫・渡辺秀樹, 2000,「結婚市場の変容」『日本の階層システム 4　ジェンダー・市場・家族』東京大学出版会.
志水宏吉「学歴・結婚・階層再生産」菊池城司編, 1990,『現代日本の階層構造 3　教育と社会移動』東京大学出版会.
杉元美津代, 2009,「今日の結婚差別を考える――三田市結婚差別事件から」『部落解放』第 562 号, 解放出版社.
鈴木二郎, 1987,『現代社会と部落問題』部落問題研究所.
千田有紀, 2011,『日本型近代家族』勁草書房.
高田一宏, 2001,「結婚差別のみえにくさ」『同和問題の解決に向けた実態等調査報告書（被差別体験調査）』大阪府.
高史明, 2015,『レイシズムを解剖する』勁草書房.
竹村一夫, 2008,「結婚差別の認識状況とその動向」『部落問題に関する意識の変遷と啓発の課題――「部落問題に関する意識調査研究事業」報告書』部落解放・人権研究所.
橘木俊詔・迫田さやか, 2013,『夫婦格差社会――二極化する結婚のかたち』中公新書.
辻暉夫, 1992,『結婚差別「部落」ゆえに』解放出版社.
土田英雄, 1979,「配偶者選択の過程」光吉利之・土田英雄・宮城宏著『家族社会学入門』有斐閣.
筒井淳也, 2016,『結婚と家族のこれから』光文社新書.
東京都生活文化局, 2014,「人権に関する世論調査」東京都生活文化局.
同和対策審議会, 1965,「同和対策審議会答申」.
時岡新, 2008,「大阪府人権意識調査結果から見る府民意識の変化と啓発課題」『部落問題に関する意識の変遷と啓発の課題』部落解放・人権研究所.
内閣府, 2012,『平成 24 年度 人権擁護に関する世論調査報告書』内閣府.
――, 2015,『結婚・家族形成に関する意識調査報告書』内閣府.
永井暁子・松田茂樹編, 2007,『対等な夫婦は幸せか』勁草書房.
中川喜代子, 1984,「戸籍簿調査を通じてみた被差別部落の人口現象」『同和問題研究』第 7 号, 大阪市立大学同和問題研究会.
永田夏来, 2002,「夫婦関係にみる『結婚』の意味づけ」『年報社会学論集』第 15 号, 関東社会学会.
中塚美子, 1997,「記録：生活史、親子 4 代にわたる差別の中を生きて　中塚美子さんの場合」『同和問題研究』第 19 号, 大阪市立大学同和問題研究会.

中村清二, 2000,「結婚に現れる部落問題・人権意識調査の結果について（中間報告）」『部落解放研究』第133号, 部落解放・人権研究所.
――, 2005,「結婚差別の多様な現実と啓発の課題」『部落解放研究』第166号, 部落解放・人権研究所.
野口道彦, 1991,「部落解放の戦略」『解放研究しが』創刊号, 反差別国際連帯解放研究所しが.
――, 1993,「家意識と結婚忌避」『同和問題研究』第16号, 大阪市立大学同和問題研究会.
――, 1996,「家族関係と結婚忌避」『家族と結婚に関する意識　1995年栗東町住民意識調査』栗東町教育委員会.
――, 1997,「配偶者選択と結婚忌避」『解放研究しが』第7号, 反差別国際連帯解放研究所しが.
――, 2000a,「『部落民』概念の再構築の可能性」『部落問題のパラダイム転換』明石書店.
――, 2000b,「『部落民』とは何か　どう概念規定するのか」『部落問題のパラダイム転換』明石書店.
――, 2000c「差別意識の変化――対抗する規範と結婚忌避正当化の言説」『部落問題のパラダイム転換』明石書店.
――, 2000d,「結婚をめぐる態度について」（財）世界人権問題研究センター『京都市人権問題に関する意識調査報告書』（財）世界人権問題研究センター.
――, 2002,「結婚差別に影響を与える要因について」『部落解放研究』第144号, 部落解放・人権研究所.
――, 2014,「明治期から戦前まで――部落問題関連の全国調査」世界人権問題研究センター編『部落実態調査の書誌的研究』（財）世界人権問題研究センター.
反差別国際連帯解放研究所しが編, 1995,『語りのちから』弘文堂.
姫岡勤・上子武次, 1971,『家族――その理論と実態』川島書店.
廣嶋清志, 2004,「配偶者選択と結婚　Ⅱ夫婦年齢差の変化」渡辺秀樹・稲葉昭英・嶋崎尚子編著『現代家族の構造と変容　全国家族調査［NFRJ 98］による計量分析』東京大学出版会.
福岡安則ほか, 1987,『被差別の文化・反差別の生きざま』明石書店.
福山市, 2012,『2010年度福山市同和地区実態把握報告書』福山市.
藤田敬一, 1987,『同和はこわい考――地対協を批判する（あうん双書）』阿吽社.
藤野豊, 1999,「部落問題における婚姻忌避」『現代思想』第27-2号, 青土社.
部落解放研究所編, 1995,『戦後部落問題関係判例（解説編）』部落解放研究所.
――, 1995,『戦後部落問題関係判例（資料編）』部落解放研究所.
部落解放・人権研究所編, 2001,『部落の21家族――ライフヒストリーからみる生活の変化と課題』解放出版社.
部落解放・人権研究所編, 2017,『部落問題のいま』部落解放・人権研究所.
部落解放同盟京都府連合会糾弾闘争本部, 2005,「戸籍謄本の不正取得は許さない――京都で起きた結婚差別事件と身元調査撤廃にむけた課題」『部落解放』第556号, 解放出版社.
部落解放同盟奈良県連合会, 2012,「連帯してヘイト・クライムと闘う　水平社博物館差別街宣裁判に勝利」『部落解放』第669号, 解放出版社.
松本健男他, 1995,「シンポジウム／戦後の部落問題関係判例」『部落解放研究』第104号, 部落解放・人権問題研究所.
三浦耕吉郎, 2009,「『部落』・『部落民』とは何か」好井裕明編『排除と差別の社会学』有斐閣.
宮坂靖子, 1997「配偶者選択と恋愛・性――恋愛結婚のパラドックス」石川実編『現代家族の社会学』有斐閣.
宮津裕子, 1993,『沈黙せず　手記・結婚差別』解放出版社.
望月嵩, 1972,「配偶者選択と結婚」『社会学講座第3巻　家族社会学』東京大学出版会.

――, 1988,「配偶者選択と結婚」正岡寛治・望月嵩編著『現代家族論』有斐閣.
――, 1997,「配偶者の選択」森岡清美・望月嵩共著『新しい家族社会学　四訂版』培風館.
八木晃介, 1994,「部落に対する差別意識――『強者のルサンチマン』と日常意識」『部落差別のソシオロジー』批評社.
八木荘司, 1987,『原告・宮津裕子』筑摩書房.
野洲市, 2010,『人権問題に関する野洲市民意識調査』野洲市.
安田三郎, 1971,「女性の社会移動　社会移動としての配偶者選択」『社会移動の研究』東京大学出版.
山田昌弘, 1996,『結婚の社会学』丸善ライブラリー.
山本登, 1984,「被差別部落の人口現象の基本的傾向」『部落差別の社会学的研究』明石書店.
米村千代, 2014,『「家」を読む』弘文堂.
和田武広, 1995,『はじけた家族　手記・結婚差別』解放出版社.
渡辺秀樹・近藤博之, 1990,「結婚と階層結合」岡本英雄・直井道子編『現代日本の階層構造 4 女性と社会階層』東京大学出版会.
渡辺秀樹・稲葉昭英・嶋崎尚子編著, 2004,『現代家族の構造と変容　全国家族調査［NFRJ98］による計量分析』東京大学出版会.

Adams, Bert N., 1979, "Mate selection in the United States: A theoretical summarization", in Burr, W. R., Hill, R., Nye, F. I., and Reiss, I. L., (eds.), *Contemporary Theories about the family*, Vol 1.
Brown, Rupert., 1995, *Prejudice: Its Social Psychology*, Blackwell Puplishers Limited.［橋口捷久・黒川 正流編訳, 1999,『偏見の社会心理学』北大路書房.］
Goffman, Irving., 1967, *Interaction Ritual*.［広瀬英彦・安江孝司訳, 1986,『儀礼としての相互作用』法政大学出版局］.
Merton, R. K., 1949, *Social Theory and Social structure*.［森東吾ほか訳『社会理論と社会構造』みすず書房, 1961］.
McConahay, John B., 1986, "Modern racism, ambivalence, and the modern racism scale," in Dovidio, John F. and Gaertner, Samuel L., (eds.), *Prejudice, Discrimination, and Racism*.
Sears, David O., 1988, "Symbolic Racism," in Katz, Phyllis A. and Dalmas A. Taylor, (eds.), *Eliminating Racism: Profiles in Controversy*, Plenum.
Sears, 1998, "Racism and Politics in the United States," in Eberhardt, Jennifer L. and Fiske, Susan T., (eds.), *Confronting Racism: The Problem and the Response*, SAGE Publications, Inc.
Sears, David O., Sidanius, Jim, and Bobo, Lawrence, (eds.), 2000, *Racialized Politics*, The University of Chicago Press.

**著者略歴**

1973年生まれ。大阪市立大学人権問題研究センター特任准教授。
2006年，奈良女子大学大学院人間文化研究科博士後期課程修了。
博士（学術）。

専門　部落問題研究，家族社会学。
主な著作・論文　「結婚差別問題と家族」永田夏来・松木洋人編『入門 家族社会学』（新泉社，2017），「都市型被差別部落への転入と定着――A地区実態調査から」大阪市立大学人権問題研究センター『人権問題研究』第10号，2010など。

結婚差別の社会学

2017年 5月20日　第1版第1刷発行
2019年12月20日　第1版第4刷発行

著者　齋《さい》藤《とう》直《なお》子《こ》

発行者　井村寿人

発行所　株式会社　勁《けい》草《そう》書房

112-0005 東京都文京区水道2-1-1　振替 00150-2-175253
（編集）電話 03-3815-5277／FAX 03-3814-6968
（営業）電話 03-3814-6861／FAX 03-3814-6854
三秀舎・松岳社



ISBN978-4-326-65408-6　Printed in Japan

高　史明　レイシズムを解剖する　在日コリアンへの偏見とインターネット　四六判　二三〇〇円　29908-9

牧野智和　自己啓発の時代　四六判　二九〇〇円　65372-0

モリー・バームバウム　アノスミア　わたしが嗅覚を失ってからとり戻すまでの物語　四六判　二四〇〇円　75051-1

岸　政彦　街の人生　四六判　二〇〇〇円　65387-4

＊表示価格は二〇一九年一二月現在。消費税は含まれておりません。

勁草書房刊